# 夜間中学と日本の教育の未来

埼玉に夜間中学を作る会
川口自主夜間中学
編

# 刊行にあたって

埼玉に夜間中学を作る会　野川義秋

二〇一七年五月末の、新緑がまぶしい夜のことである。

「お父さん　お父さん！　夜間中学のことでフランスからですって」

連れ合いは慌てたような口ぶりでそう言って受話器を差し出した。聞き違いではないかと思いながら受けとったのだが、まるですぐ近くからかかってきているかのようにはっきりと聞き取れるその電話は、間違いなくフランスからであった。

Hさんというその女性は、埼玉に夜間中学を作る会と川口自主夜間中学の「三十一周年集会」で講演した、前川喜平文部科学事務次官（当時）の動画をユーチューブで観てかけてこられたのだという。Hさんは文部科学省の高官の講演を聞くのは初めてで、しかもメモをとりながら二度ご覧になったとのことだ。講演やその後の質疑応答を含めて、夜間中学の持つ意味と可能性、義務教育の持つ重要性などについていろいろと考えさせられたそうである。深く感動したこの講演会を企画した私たちに、感謝の気持ちを伝えたいと思ってわざわざ電話を下さったのだそうだ。そして、できるならその時に配布された資料を送ってもらえないだろうかというものだ。

遠く離れたフランスから連絡を下さったことにお礼を言い、その数日後に講演のレジュメを綴り込んだ集会資料と合わせて、三十年誌『月明かりの学舎から』や機関紙「銀河通信」を添えてお送りした。

海外から力強いメッセージをもらったのは、「三十一周年集会」からすでに半年が過ぎた時期だった。じつは二〇一六年十一月に、関東の自主夜間中学有志で議員立法成立に向けた国会議員への要請行動と合わせて、講演のお礼に文部科学省を訪れた際に、講演記録を出版という形で世に問うことの了承をご本人から得ていた。しかし、文部科学省における再就職あっせん問題で責任をとって辞任されたために、事務次官秘書を通じて編集作業を進めることになっていたその隘路も絶たれてしまっていたのである。そこで、講演依頼の段階で尽力していただいた基礎教育保障学会の会員で、国立国語研究所に勤める野山広さんに前川さんとの連絡調整をお願いした。ところがその後も学校法人加計（かけ）学園をめぐって、衆議院の閉会中審査の参考人招致に応じるなどによって渦中の人となっておられ、野山さんも連絡とれない事態が続いた。

そのような状況に動きがあったのは八月のお盆の頃で、野山さんから次のようなEメールが届いた。

――先日、ようやく返信をいただき、例の国会の質疑等が一段落したので、もう少しで（原稿を）

返すことが出来る旨の返信がありました。――

それから間もなく、野山さんを通じて校正原稿が送られてきて、さっそく出版に向けた本格的な編集作業にとりかかったのである。

前川喜平さんは、政治的社会的にも厳しい立場にありながらも毅然とした主張と同時に、福島駅前自主夜間中学をはじめとする二つの自主夜間中学と、子どもの貧困・中退対策で学習支援を行っている団体でボランティアを続けておられた。そしてその一方で、全国各地での精力的な講演活動にも余念がなかった。

二〇一七年十月十七日に千葉県松戸市の市民会館で、「松戸自主夜間中学校・開講三〇〇〇回記念公開授業」として行われた前川喜平さんの講演『教育が「憲法の理想」を実現する――夜間中学という問いかけ――』には、一〇〇〇人の人がかけつけた。その好評を博した講演は、今年一月号の月刊誌『世界』(岩波書店)に掲載された。私自身、講演もお聞きしたし掲載された記録も読ませてもらった。もちろんこの意義は踏まえているが、出版する運びとなった「三十一周年集会」での講演、それは、前川喜平さんが文部科学事務次官として在任中のものであるところに一つの意味を持っていると自負している。

冒頭で触れた、フランスに住むHさんとは今でも交流している。講演記録を出版することを伝えたところメッセージを返信していただいた。その中に、出版の意義に触れた部分があるので一部を紹介する。

——今回出版される埼玉の「三十一周年集会」での文字バージョンは、非常に貴重であろうと思います。そこでの前川喜平さんは現職中でありながらも、こうして夜間中学を立ち上げる人たちが集まる現場に出向いていらっしゃって、本当に楽しそうにというか、やりがい有り！との気持ちが溢れ出ている講演だったと思うので。また、前川さんは埼玉で、こうして夜間中学を！と活動なさっている人たちへ敬意を持って話してらっしゃったなと感じました。わたしは。——

Hさんは、前川さんがプライベートな立場で講演を各地で行っておられること、また自主夜間中学でボランティア活動を続けておられる姿やインタビューを受けているところも、アップされた動画などで観ているとのことだ。出版にこぎつけたら、すぐにお送りしたいと思っている。

さて、二〇一六年十月二十九日の「三十一周年集会」以降、夜間中学をめぐっては歴史的なできごとがあり、埼玉の夜間中学運動にとっても思いがけない大きな進展があった。それは、その年十二月の「義務教育の段階における普通教育に相当する教育の機会の確保等に関する法律」（教育機会確保法）の可決成立であり、二〇一七年三月の奥ノ木信夫川口市長の県内初の夜間中学開校の表明である。お陰さまで前川喜平さんのご厚意による講演記録「夜間中学と日本の教育の未来」に、「埼玉の夜間中学運動の一年」としてこれらを盛りこんだ章を設けて報告できることをうれしく思っている。さらには、講演依頼や前川喜平さんとの連絡の橋渡しをしていただいた野山広さんが、教育機会確保法成立に伴う今後への展望について示唆的な提言を寄せて下さった。野山さんは基礎教育保障学会の副会長をされており、これからの開校に向けた取り組みにもお力を貸してもらえると思うので、私たちにとって心強い限りの存在である。

末尾となるが、三十周年誌『月明かりの学舎から』に続いて、出版の労を担って下さった東京シューレ出版の小野利和さんには、埼玉に夜間中学を作る会・川口自主夜間中学の会員・スタッフと共に心から感謝申し上げる次第である。

二〇一八年二月

# 目次

## 第Ⅲ章　今後の夜間中学の新設に向けた展望
### ——基礎教育保障学会の設立と教育機会確保法案の成立を踏まえながら——

特別寄稿

# 第I章　夜間中学と日本の教育の未来

前川喜平　文部科学事務次官

「埼玉に夜間中学を作る会・川口自主夜間中学三十一周年集会」講演録
二〇一六年十月二十九日　かわぐち市民パートナーステーションに於いて

## 夜間中学について行政の対応

文部科学省の事務次官、前川喜平です。今日は「埼玉に夜間中学を作る会」の三十一周年の集会にお招きいただきましてありがとうございます。

私は文部科学省の前身であります文部省に入ってもう三十八年になりますが、どちらかというと文部省の中では異端というか少数派で、あまり組織全体の体制の考え方にはなじめない、居心地の悪さをずっと感じながら仕事してきました。しかし、居心地が悪いながらもとりあえず真面目に仕事はしてきましたので、階段は登ってきたわけです。それでこれ以上段がないところまできてしまいましたが、来年はおそらく辞めていると思います。ですから、次は事務次官として来ることはできませんので、今年が最後かなと思います。

夜間中学に関しましては、若い頃からずっとこういった取り組みは非常に貴重だと思いながら仕事をしてきましたけれども、直接夜間中学に関わるような仕事をさせていただく機会は、ほとんどありませんでした。

夜間中学に関しましては、細々と調査研究事業を続けてきましたが、これは文部科学省として「何もやっていないわけではありません」と言うためのアリバイ作りです。「何かやってるのか」

「文部省は何もしていないのではないですか」と、今日、来賓でお見えの議員の方々から国会で質問されますから、「何もしていないわけではありません。一〇〇万円の調査事業やっています」とお茶をにごしてきたのが実態です。文部科学省の組織としての対応は、これまでの川口市の教育委員会とそう変わりません（笑）。

見て見ぬふりというか、あまり関わりを持ちたくないとか、まともに行政の対処として考えてこなかったというのは、これはもう歴然たる事実であります。私はこういったところに光を当てた行政に取り組みたいと思ってきましたけれども、組織全体として何もしないという雰囲気があるなかでは、なかなかむずかしいわけです。

## 馳前文部科学大臣の取り組み

しかしそこに政治の力が動きました。「夜間中学等義務教育拡充議員連盟」という超党派の議員連盟ができて、自民党から共産党まで心ある議員の方々が集まって夜間中学を支援しよう、夜間中学を増やしていこう、夜間中学のための制度を作っていこう、夜間中学のための予算を獲得しようと、動いてくれました。さらにその中心人物である馳浩議員が文部科学大臣に就任されたことが大きかったですね。私も「やった」と思いました。

もう一つ言えば、その時たまたま私が事務次官であり、これはなかなかいいコンビでした。「埼玉に夜間中学を作る会」の集会に昨年は馳大臣、今年は私が呼ばれたことは、幸運と言いますか、運命のいたずらというか、そんな気がいたします。

馳浩前大臣は夜間中学に限らず、不登校の子どもたちに対する眼差しも極めて温かいものを持っておられます。あるいは外国人の子どもたちに対する眼差しも非常に温かく、あるいは性的少数者（LGBTと言われる人たち）に対する理解という面でも、一生懸命に取り組んでおられます。世の中から忘れられがちな少数の方々のことを常に思っておられます。あの大きい身体から想像できないやさしい心を持っておられます。気は優しくて力持ちというのはああいう方のことだと思います。

馳大臣が急遽ご退任になる時は大変さびしい思いをいたしました。大臣がご退任にあたって一句、「雨上がり　深呼吸して　夏の空」という俳句を詠まれました。退任が決まった時に、もう少しやりたいなというお気持ちは当然あったと思います。いろいろとやり残した仕事があるけれど、しかし雨が上がった空を見上げて、次のステップに踏み出そうというお気持ちを表された句だと、ご自身から伺っています。

私は大臣のご退任にあたって、ご挨拶をする時にその句に対してお応えをするつもりで、大臣が

「夏の空」で終わったので、「夏の空」から始まる句を作ろうと思いました。私は俳句を作ったことがないのですが、「夏の空　名残りを惜しむ　蝉の声」と詠みましたら、大臣は大変喜んで下さいました。さすが国語の先生。馳大臣は高校の先生でしたが、体育の先生と思われるかもしれませんが、国語の先生です。「夏の空　名残りを惜しむ　蝉の声」と詠んだところ「これは季語が二つ重なっていてよろしくない、夏と蝉と二つあるからこれは一方取る必要がある」と添削していただきました。

「仰ぐ空　名残りを惜しむ　蝉の声」と、私が作って馳先生に添削していただいた句でございます。

## 教育機会確保法について

我々、文部科学省一同名残りを惜しんだわけですけれども、夜間中学に関する立法の動きに関しましては、むしろ前進する方向にいくだろうと思います。つまり議員立法ですから国会議員のみなさんが中心となって作っていく法律なので、文部科学省は後ろに下がっているわけです。したがってこの議員立法に関しましては、馳先生は大臣でいる限り表に立って動けなかったのです。しかし、今度は議員立法の中心にまた戻られますので動けるわけです。この立法に関しましては今の臨時国会でなんとか成立させてもらいたいと思っております。

内閣提出法案と議員提出法案と二通りの法案がありますが、内閣提出法案としてはこの国会には一つしか出しておりません。これはすでに審議に入っております。全会一致とはならないかもしれませんが、成立の見通しがたっているので、この内閣提出の教育法特例法等の改正が終わった後に、この国会の会期中にこの議員立法をなんとか成立させていただきたいと思っております。

法案に関しましてはそんな状況です。今日はお時間をかなりいただいています。この前の基礎教育保障学会では五分の挨拶と言われて二十分しゃべりまして（笑）、挨拶にしては長いと怒られました。今日は存分に話をさせていただければと思いますが、まずは義務教育とはなんぞやという、ちょっと理念的なお話から入っていきたいと思います。

## 憲法二十六条と基本的人権

日本国憲法二十六条という条文がございます。これが私ども文部科学省にとっては一番大事な原理原則を示したものです。教育行政は憲法二十六条に則ってやらなければいけないと思っています。この日本国憲法ができる前の旧憲法の時代は、教育に関する条文は憲法にはありませんでした。国民の権利としても認めてもいなかったわけです。しかし、教育というのはまさに人権の中核にあるものだと、私は思っております。人権保障の一番中核をなすのが、この教育を受ける権利であると思っています。

もちろん日本国憲法が保障する基本的人権というものは、一人ひとりがかけがえのない存在であるという個人の尊厳の原理に則っているわけで、一人ひとりがそれぞれの人生を豊かに幸福に全うする権利を持っています。個人の尊厳と幸福追求権です。これは憲法十三条にその考え方が示されています。私はこの十三条の個人の尊厳や幸福追求権というものがすべての人権の根底にあると思っています。その個人の人権、個人の尊厳を実際に実現する、あるいは幸福を本当に追求できるようにするとき、基礎にあるのは教育であるということです。それがなければ、自分の尊厳を守ることもできないし、自分の力で幸福を追求することもできません。その個人の尊厳や幸福追求権の不可欠の基礎をなしてるものが教育であると思っております。したがって、やはり教育こそが人権保障の中核にならなければならないと思っておるわけです。

憲法の三原則がございます。私は法学部の出身で、憲法の授業を受けるとまず最初に憲法の三原則を学びます。基本的人権の尊重、一人一人がかけがえのない人権を持っている、それを最大限に尊重しなければならない。二つ目が国民主権、民主主義ですね。政治は国民が主権者であり、国民の代表者が行うものであると。ちなみに私は国民の代表者じゃなくて、国民の代表者に使われる側で、公務員でございます。全体の奉仕者ではありますが国民の代表者ではございません。馳先生は選挙で選ばれていますから国民の代表者です。私は国家公務員試験で選ばれ、全体の奉仕者として仕事をしています。すべての政治は国民主権に基づいて行われなければならないし、一人ひとりの国民がその主権者であります。

## 平和主義と教育

もう一つの原理は永久平和主義で、日本という国はもう戦争はしないんだと、平和を徹底させるんだという考え方ですね。戦争放棄です。この三つが日本国憲法の大原則であり、この原則は憲法を改正する場合にも改正できない部分であり、憲法改正ができない原理であると、憲法学で教わりました。私は今もそう思っております。

この基本的人権の尊重にせよ、国民主権にせよ、それから平和主義にせよ、やはりすべて教育が基礎にならなければならないと思っております。先ほど人権の中核だと言いましたが、国民主権の中核でもあります。去年あたりからにわかに注目されたのが、十八歳投票権の実現です。これに伴って主権者教育が必要だという事がかなり話題にもなり、課題になりました。

私どもも主権者教育のための様々な取り組みを強めたわけですけれども、まさに主権者が主権者たり得るのは、主権者として学ぶ機会がしっかりと保障されてこそ実現することだと思っております。ですからやはり国民主権の基礎にも教育がなければならないと思っております。

さらに平和主義、平和というものも根底にもやはり教育がなくてはならないと思っております。私はユネスコという国際機関に関わる仕事をしたことがございまして、一九八九年から九二年までの三年間、日本政府ユネスコ代表部の書記官として、ユネスコと日本の間をつなぐ仕事をしていました。

ユネスコ憲章という国際条約があって、その前文ですね、これは非常に有名な前文です。「戦争は人の心の中で生まれるものであるから、人の心の中に平和の砦を築かなければならない」という言葉があります。その後いろいろと書いてありますが、第二次世界大戦の大変な苦しみを味わった人たちが、もう二度とこんなことは起こらないようにしようという気持ちで国際機関のユネスコを作りました。そういう気持ちが非常に強く表れています。

なぜこんな戦争になったのかをたどっていくと、国と国との間で戦争しないと約束しても、それは役に立たない。全く役に立たないとまでは言っていませんが、本当の恒久的な永久の平和の基礎にはならない、本当の戦争の原因はなんだったかというと、「無知」であると。お互いの国民を知らないために、偏見とか無知というものが戦争の原因になっている。それを無くしていこう、そういうことを言っているわけです。

このユネスコ憲章の精神は、教育を通じて人の心の中の偏見や無知というものを無くして、お互いの理解を深めていくことによって戦争をする気持ちにならないようにする。政府間の取り決めだけでは平和は維持できない、人の心と心をつなぐことで初めて平和の砦ができる。それはやっぱり教育の力なのだということで、国際連合教育科学文化機関―ユネスコが作られたわけです。

そういう意味で憲法三原則の基本的人権も国民主権も平和主義も、私はやっぱり教育が基礎にならなければ実現しないと思っております。

そのことは、実は改正前の教育基本法の前文には書いてありました。「われらは、さきに、日本国憲法を確定し、民主的で文化的な国家を建設して、世界の平和と人類の福祉に貢献しようとする決意を示した。この理想の実現は、根本において教育の力にまつべきものである」と宣言していたわけです。この文言は今の教育基本法にはありませんが、精神は受け継がれております。

## 教育を受ける権利

先ほど申し上げたように、憲法二十六条というのは私どもにとって一番のバイブル、文部科学省あるいは教育行政を行うにあたって、なによりも念頭に置かなくてはならない考え方だと思っておりますが、それをどう解釈するかが非常に大事なことであります。

憲法二十六条は短い条文ですけれども、「すべて国民は、法律が定めるところにより、その能力に応じて、ひとしく教育を受ける権利を有する」というわけです。これは第一項です。第二項は「すべて国民は、法律の定めるところにより、その保護する子女に普通教育を受けさせる義務を負う。義務教育は、これを無償とする」と書いてあります。第一項と第二項が二十六条の全部ですけれども、この第一項は「すべて国民は」から始まるわけですね。これは人権保障に関する条文ですので、「国民」と言ったときに、それは「国籍を持っている人」だけのことかということですが、私はこの「国民」というのは「日本国という国の中に住んでいる人全部」のことだと思っております。

国籍があるかないかに関わらず基本的人権は持っています。基本的人権というのは人間であるから必ず保障されなければならないもので、国籍がなんであろうと基本的人権はすべての人が持っています。したがって教育を受ける権利もです。これは国籍に関わるものではないと思っております。

この条文の解釈について、「いや国籍を持っている人だけのことだ」と解釈する人もいます。しかし、国際人権規約というものがすでにありまして、日本国はそれに加入しておりますから、国際人権規約に基づいて、教育を受ける権利は国籍に関わらず保障しなければならないという条約上の義務をすでに負っております。したがって、憲法が保障するかしないかに関わらず、条約上の人権保障の義務として、いずれにしても国籍を問わず教育を受ける権利を保障することは、行政の責務としてあるということを確認しておきたいと思います。

## 人権を保障するために法律を作る

次に「法律の定めるところにより」とあります。この憲法の規定に基づいて教育に関する法律ができています。その中心的なものは学校教育法という法律になります。「法律の定めるところにより」ということは、法律がないと実現できないということです。こういう規定のことを「プログラム規定」と言います。憲法で方向を示してはいるけれども、それを具体化するためには法律が必要である。憲法に直接基づいて人権が保障されるのではなく、その人権を保障するための法律を作ったうえでなければ、具体的な権利保障はされない。だからこういう立法をしなさいということを示しているけれど、具体的な中身はその立法がなければ、そういう規定です。

ですから具体化は立法と、さらにその立法のもとで行われる行政に任されていることになります。現実にはこのプログラム規定が一〇〇パーセント立法化されていない。つまり「すべての人に教育を受ける権利を保障する」と憲法にありますが、実際にはそうなっておらず、その人権保障から漏れ落ちている人たちが少なからず存在するのです。

## 義務教育未修了者の存在

その中には例えば義務教育を修了していない人たち―国勢調査では小学校を卒業していない人は捉えられているんですけども、中学校を卒業していない人のことは把握できていません。そこのところを把握できるようにしてくれと、前から文部科学省も総務省にお願いしていますが、小学校に行っていない、あるいは卒業していない人が十二万人いるということがわかっています。さらに小学校を卒業しているけれども中学校を卒業していない人を加えたら、もっと増えるのは明らかだと思っています。

それからもう一つ、我々が最近これは大事だと思っているのは形式卒業者。卒業証書をもらっているけども、実はほとんど勉強していなかったという人たち。そういう義務教育未修了者の人たちが存在している、これはもう夜間中学の関係者の方々はよく知っておられることです。

学齢の児童生徒に関しても、ずっと不登校のままだという子どもがいるわけです。それから居所不明のどこにいるかわからなくなっている子どもたち、あるいは戸籍を持たない人たち、これも少数でありますけどもいます。

それから定住外国人で未就学の子どもたちもかなりいます。外国籍の中には不法滞在（オーバーステイ）の人もいます。親の責任でオーバーステイになっていることはあるんでしょうけれど、しかし子どもの教育を受ける権利は保障しなければいけないと考えております。私どもはオーバーステイの子どもたちが公立学校に入りたいと言ってきた場合に、その滞在資格は確認しなくていいと言っています。教育委員会に対しては「そこに住んでいることだけ確認できれば学校に入れてください」とお願いしています。オーバーステイかどうかを確認してくださいと言ったとたん、その親は子どもを学校によこさなくなるでしょう。これでは子どもの学習する権利が実現できなくなるということです。

その他にも児童虐待にあっている子どもたちもいますし、監禁されてずっと学校に行けずに過ごしたという犯罪被害者もいます。

こういう基礎的な普通教育を受ける権利を保障されていない人たちが現に存在しますから、我々行政の責任あるいは立法に関わる者の責任としては、そういった人たちを限りなくゼロにしていく必要があると思っております。したがって「法律の定めるところにより」の、その法律を不断に見直していく、改善していく努力が必要なんだと思っております。今回、議員立法で進められている教育機会確保法案もその一つの動きだと思っております。

## 「能力に応じて」の意味すること

その後の条文を読んでいくと、すべての国民は法律の定めるところにより、「その能力に応じて」と書いてあります。しかし、能力というのはなにか一つの尺度で測れるものではありません。一つの巻尺みたいのがあって、「あなたは能力一三〇センチとか、あなたは能力一五〇センチ」と、一つの尺度で順番付けができるようなものではなくて、一人ひとりに個性があり適性があり、この分野に能力がある、この分野で能力があるということです。同じ尺度といえばＩＱ（知能指数）があります。知能指数というものですべての人間を数字で評価していいのか。単一の尺度でありますＩＱだけで人の能力というものは測定できないです。ＩＱで測れない能力がたくさんあって、ＩＱでは低いかもしれないけれども、しかし、別の能力はある人はたくさんいるわけですね。

今、発達障害の人たちにどういう教育的な対応したらいいかということは課題になっています。

発達障害のある人の中にはとんでもない能力を持っている方がいます。すぐれた記憶力を持つ人もいます。その「能力に応じて」という言葉は、結局一人ひとりに応じてということであり、持って生まれたものや、その人のこれまで育ってきた経歴や、その人が今置かれている環境や、あるいはその人がどういう意志を持っているかという、その人その人に応じた教育の機会を作ることが大事だという意味だと思います。「能力に応じて」というのは単一の尺度で測れるような能力という意味ではなくて、その一人ひとりの人間の、その時々の個性や適性というものを含めた能力というものであり、一人ひとりに応じた教育の機会が必要だと言っていると考えております。

## 「ひとしく教育を受ける」について

その後に出てくる言葉が「ひとしく」です。「その能力に応じて、ひとしく教育を受ける」、その「ひとしく」とは同じ教育を受ける意味ではなく、みんなが同じように教育を受ける権利を持っているという意味で、教育を受ける権利を等しく持ってる。その等しくと言っているのは、それぞれの一人一人に応じた学びの機会というものを享受することができるという意味だと考えておりま す。「ひとしく」というのは「同じ」という意味ではなくて、「同じ教育」ではなく、一人一人に応じたもっとも適切な教育の機会を保障することだと思っています。

この「ひとしく教育を受ける権利を有する」、その教育を受ける権利。これは別の言葉で言えば学習する権利。教育という言葉は他動詞なんですね。あなたを教育するとか、生徒を教育するとか、しかし、学習するというのは自動詞であって、学習する人の主体性というものが前提にある言葉です。この学習する権利があってそこに教育が成立すると思っています。

今、学習指導要領の見直しをやっていますが、その中でも自主的な学びという事をまず第一に考えております。主体的で対話的で深い学びです。アクティブラーニングも学ぶ学習者の自主性が、まずベースになければならないと考えております。

こういった考え方はすでに前からありまして、自ら学び、自ら考える力が大切だと言っています。ということは、教育というものの中身が問われてくるわけです。教育を受ける権利を有するといった時の「教育」、その中心にあるのは普通教育です。憲法二十六条の第二項にも「普通教育」という言葉が出てくるわけですが、普通教育というのは、人が自立して社会で生活を営むうえで、誰もが共通に身に付けておく必要があることを学ぶことです。その教育の中身については、自ら学び自ら考える力、自ら行動する力、こういう力を付けることが一番のベースだと思います。

## 教育の政治的中立性について

この時一番注意しなければならないのは、その時々の政治権力に左右されるような内容になってはいけない。これは教育の政治的中立性という基本的な原理であって、私どもが教育行政を行う者は常に心していなければならないことですね。時々我々は板ばさみになります。政治の強い圧力がかかってきまして、「これを教科書に書け」とか「これを学校で勉強させろ」と言われて、「いやちょっと待ってください」とか「それだけを教科書に書くわけにはいきません」とか、つまりバランスの取れた政治的中立性を維持することは非常にむずかしいわけです。

教育は一切政治を扱うなという意味ではありません。例えば一つの政治的なテーマがあって反対論も賛成論もあります。今日は各党の先生方や秘書さんが来てますけれども、考え方が違う人たちが並んでいます。政治的中立性はバランスを取らなければいけないわけで、文部科学省の中で仕事してると右に引張られたり、左に引張られたり、ふらついてるように見えるけれども、なんとかこっちばっかりに行かない、あっちにばっかりも行かないと、こんな感じでやっております。

教育委員会という合議制機関が大事だというのもそういうことであって、五人とか六人の教育委員、教育者も含めて合議で物事を決めていくことによって、一つの考え方にぐいっと引っ張られたりしないようにする。例えば学校で教育する中身を首長さんが全部決めることができるとなったらこれは大変なことが起きます。時々とんでもない人が首長になることもあり得るわけで、まかり間違ってその時に、「今使っている教科書を全部やめて、自分が作った教科書を使え」とかあったら困るわけです。教育は洗脳ではありませんから、一つの考え方に染めてしまうということは決してやってはいけない。自分で考えて、自分で判断して、自分で結論を出すことができ、その結論に基づいて自分で行動することができる、そういう自立した人間を育てることが教育の目的です。

この洗脳＝ブレインウォッシュと言ったり、あるいは教え込み＝インドクトリネーションっていう言葉があります。「これはこうでなくてはいけない」と教えて信じ込ませるのは、まさに戦前の教育はそうだったわけですね。「国のために死ねと言われたら死ぬんだ」みたいな教育だったわけですから、そうした教育に戻ってはいけない。この新憲法下における教育を受ける権利の教育の中身というのは非常に大事だと思っております。

## 法律上の義務教育の仕組み

第二項が義務教育に関する条文で、これも「すべて国民は」から始まりますが、やはり「日本の国の中で暮らしている人すべて」と考えなければいけないと思っています。そのあとに、「法律の定めるところにより、その保護する子女に普通教育を受けさせる義務を負う」と書いてあり、これが義務教育の規定です。それに基づいて学校教育法で義務教育の具体的な仕組みが作られているわけです。

その学校教育法ではどうなっているかというと、子どもが六歳になったら保護者は必ず小学校あるいは特別支援学校の小学部に入れなさいとなっています。小学校または小学部の課程が終わったら中学校、または特別支援学校中学部に入学させなさいと。十五歳になるまで就学させる義務を負っていることになっていまして、十五歳の三月三十一日まで、学校に行かせなさいとなっています。中学校を卒業するまでとは書いてありません。原級留置という事態は想定されています。つまり例えば小学校五年生を二回やるとか、中学校二年生を二回やることはあり得るということが前提になっているので、十五歳になった時点で中学校を卒業にならないというケースがあり得るわけです。

学校教育法の条文をよく読むと十五歳になっても、まだ小学校を卒業していないという事態も想定されています。いずれにしても十五の年まで教育を受けさせなさいというのが、学校教育法上の義務教育で、その受けさせる教育は小学校、中学校または特別支援学校の教育でなければならないということになっています。これが法律上の義務教育の仕組みです。

## 「普通教育を受けさせる義務を負う」について

そこで問題なのは、憲法の二十六条第二項は「すべて国民は法律の定めるところにより、その保護する子女に普通教育を受けさせる義務を負う」と書いてあり、小学校教育、中学校教育を受けさせなければならないとまでは書いていないわけです。普通教育と書いてあります。ところが学校教育法は小学校・中学校または特別支援学校に通わせなければならないと書いてあり、それ以外のところで学ぶ場合には、それは義務教育にはなりませんよと言っているわけです。つまり普通教育は小学校、中学校、特別支援学校が独占していて、それ以外のところには普通教育はありませんというのが、学校教育法の考え方なんです。したがって自主夜間中学は中学校ではない、ここに通っていても義務教育を学んでいることにはならないということになるわけですね。

しかし、くり返しになりますけども、憲法は学校に通わせろとまでは言っていません。普通教育を受けさせなさいと言っている。つまり、学校の外に普通教育があってはいけないとまでは言っていないわけです。学校の外に普通教育を認めても憲法違反にはなりません。それを憲法は許容します。議員立法で進めている「教育機会確保法案」は、不登校の子どもたちについて、学校外での普通教育も認めていこうじゃないかという思想に立っているわけです。学校外の義務教育を認めることは、実は戦前もありました。明治時代に小学校令が作られて、ずっと小学校教育の基礎として機能してきたわけですけども、この小学校令という法令の中には学校の外で、家庭などにおいて行う義務教育を認める条文がありました。

学校外でも義務教育として認める場合があるというのは、戦前の制度にもあったのですが、それを無くしたのは一九四一年（昭和十六年）の国民学校令です。国民学校令で小学校が全部、国民学校に名前を変えられて、国民を統制する機関の一つとして国家総動員体制の中に組み入れられたわけです。ナチスドイツのフォルクスシューレを真似たと言われていますが、その際に国民学校以外の学校に行くことを禁じてしまいます。原則私立学校も禁じました。私立の小学校も認めない。しかし当分の間、現に私立の小学校に通っている子どもがいるから、しばらくの間は存続を許すけれども、最終的には無くして全部、国民学校に統一するという考え方で、私立学校も認めないのですから、学校に来ないで別のところで普通教育を行うなどの道は完全にふさいでしまった。国家総動員体制のなかで国民学校令が就学義務を厳格化したわけです。

その非常に厳格な就学義務の考え方を今の学校教育法も引き継いでいるのです。私立学校は認めていますけれども、学校外の普通教育は認めないという考え方できています。しかし、どうしても学校という仕組みに馴染めない子どもがいて、不登校が減らない、ずっと十二万人前後で推移しています。そのうちほとんど学校に来ていない子どもも相当数います。一割ぐらいはほとんど来ていない。そういった子どものための学びの場をどう確保していくかということが、課題になっているわけです。国民学校令のような戦時体制でできたものが、いまだに残っているというケースはあちこちにまだありますね。経済学者の野口悠紀雄さんはこういった制度のことを一九四〇年体制と呼んでおられます。一九四〇年前後にできた国家総動員のための仕組みが、この二十一世紀になっても生き残っていることがあるわけです。

では、普通教育とはなんだろうか。小中学校の義務教育に当たるものは普通教育ですけれども、高等学校にも普通教育はありますし、普通教育という言葉はかなり幅の広い言葉であります。ただ、共通の同じ教育と考えてしまってはいけないと思います。その人その人にふさわしい普通教育があると考えるべきだと思います。その義務教育の義務ですが、憲法では保護者が子どもに普通教育を受けさせる義務となっていて、その普通教育を義務教育と言っている。

しかし、人権保障ですから人権を保障する義務はそもそも国にあるわけです。ですから教育を受ける権利を保障する、そのまた中核となる義務教育を受ける権利を保障する義務は、この法律に明示して書いてありませんが、その義務は国にあることは明白であります。国及び地方公共団体は人権を最大限保障するための義務を負ってるわけであって、特に義務教育の機会を完全に保障するための努力を怠ってはならないと思っております。

## 子どもが学校へ行くのは義務でなく権利

義務教育は子どもが学校に行く義務だと思っている人がいます。けっこう偉い人の中にもいますが、そんなことは決してありません。子どもが学校に行くという義務を負っているわけではない。子どもが行ける学校をきちんと用意する義務が国および都道府県、市町村にあるということ。子どもを養って保護している大人がその子どもを学校に通わせる（つまり、通えるようにする）という義務がある。これが義務教育の義務であって、子どもに「お前は法律上学校に行かなければならないのだ」「そういう義務を負っているのだ」と言ったらそれは間違いであります。子どもが学校に行くというのは義務ではなくて権利であって、義務ではない。子どもはあくまでも権利者だと考えるべきであります。

義務教育について親、保護者が負う義務は法律上、六歳から十五歳までですから、十五歳に達した三月いっぱいで義務教育の義務が解除されます。つまりそこで保護者の法律上の義務はなくなりますけれども、もともと普通教育を受けることじたいが子どもたちの権利であり、国民の権利ですから、これは人権です。人権にはですね、年齢制限はないのです。つまり義務教育の義務というのは十五歳で終わりますが、義務教育を受ける権利には年齢制限はない、年齢の限界はないのです。

したがって、いくつになっても普通教育を受ける機会を保障していくことは、国や自治体の責任として残っていると考えるべきだと思います。

## 就学猶予、就学免除について

さて就学義務に関してですが、子どもを学校に通わせる保護者の義務の事を就学義務と言っています。しかしどうしても子どもたちが学校に通えない事情がある場合に、学校教育法の中には就学猶予、就学免除という制度があります。例えば重い病気で、病院で寝たきりの子どもの場合に通わせられる学校もないし、そこに院内学級は作れないという事情があった場合、学校に通わせなくてもいいですよと、親の就学義務をしばらく解除するのが就学猶予です。完全に解除するのは就学免除です。子どもが義務を負っているわけではありませんから、親の義務を解除しているわけです。しかし、親としては、本当は子どもを学校に通わせたいわけですね。子どもに教育を受けさせたいのに、「あなたのお子さんは就学猶予です」と言われたら、「就学猶予願い」というものを教育委員会に出せと言われるわけです。本当は子どもを通わせたいのに、なぜ学校行かせなくていいようにして下さいという「お願い」を出さなければならないのか。この就学猶予、就学免除の制度については以前からおかしいのではないかと言われています。

　これはやっぱり戦前の考え方を引きずっています。就学猶予とか就学免除の言葉じたいを、私は法律から外したいと思っていますが、いまだに残っております。就学猶予、就学免除という事態はできるだけなくすということが、国や行政の責任であると思っております。

　私が文部省に入ったのは一九七九年（昭和五十四年）です。くしくもというか、ちょうど養護学校義務制が制度化された年です。それまで就学猶予、就学免除の対象とされていた様々な障がいがある子どもたちが義務教育の対象になりました。養護学校の設置義務の制度が発足しました。各都道府県が必ず養護学校を設置しなさい、ということになりました。つまり障がいのある子どもたちが通う学校を設置する義務が初めて法定化されたわけです。一九七九年当時の文部省の人たちはこれで義務教育は完成したと言っていましたね。

　しかし、それは完成したわけではなかったんです。それまでそっくり漏れていた障がいのある子どもたちを救うために、学校の設置の義務化がやっとできたということです。しかしそこからも漏れている人たちがいまだにいることは事実ですから、完成しているとは…、つまり義務教育はある意味では永遠に完成しない制度だと思っています。

　この就学猶予、就学免除という言葉は、本当に私も好きではないですね。これは戦前、徴兵猶予、徴兵免除と同じような意味合いで使われていたと思います。徴兵猶予、徴兵免除というのは、

「お前は国のために戦う力がない人間である。だから兵隊になるに及ばず」と決めつけられることで、当時は徴兵免除になると大変な恥とされたそうです。国のために役に立たない人間だと烙印を押されたわけです。就学猶予、就学免除もそういうニュアンスが戦前はあったと思います。お宅のお子さんは学校に来るに及ばず、学校に来て学ぶ必要性も意味もない、そんな意味合いを持っていた、そういう言葉を戦後も使うのは非常に問題だと思っておりますね。何とかなくしたいものです。

いずれにしても就学猶予、就学免除は、法律上の保護者の義務は免除されるかもしれませんけれども、一人ひとりの子どもに普通教育の機会を作る必要があるという、国や自治体の責任が免除されることではないと思っております。

## 夜間中学の役割

そういった意味で、夜間中学がこれまで果たしてきた役割は非常に大きいものがあると思っております。憲法の求める教育を受ける権利の保障、義務教育の保障、それを現実に実現するうえで非常に重要な役割を負ってきたと思っております。今日は資料を用意していますが、文部科学省がこのような資料を作ることじたい画期的なことです。しかも、朗々と夜間中学の意義を書いていますが、こんなことをやってこなかったわけです。五年ぐらい前までは何にもやっていなかったので、文科省も変わったもんだなと思います。それはやっぱり議員連盟とか、馳さんの動きがあったからです。私一人じゃ動かなかったでしょう。ほとんど私一人だったんですよ、文部科学省の中で夜間中学が大事だと言っていたのは――。心の中で秘かに思ってきた人はいるかも知れませんけれど、ほとんどいなかったですね。

ここに「今後は不登校のためにほとんど学校に通えないまま学校の教育的配慮により中学校を卒業した者（要するに形式卒業者と言われている人たち）に教育の機会を提供していくことも期待」と書いています。「形式卒業者も夜間中学に入れます。入れてください」という通知を文部科学省が出しました。そのことじたいは非常にいいことですけれども、三十一校しかないのに、そんなこと言っていいのかという思いもありました。「入っていいですよって言ったって、入るところがないじゃないか」という話ですね。文部科学省のこの通知は、出したことは良いことだと思いますが、ある意味無責任な通知です。行くところないのに「行っていいですよ」と言っているのですから。ですからこの通知出したからには、各県に必ず作ることに踏み出さないと、この通知をなぜ出したのかという話になると思います。

それから次の、「多様な学習機会の確保の観点から不登校の学齢生徒について本人の希望を尊重した上での受け入れも可能」は、つまり本来は中学校に行っている、昼の中学校に行く学齢期（十二歳から十五歳）の生徒も夜間中学に来ていい、学びの一つの方法としていいのではないかと。文部科学省としては画期的なことです。こんなことはつい最近まで言ったことがなかったわけです。私もこの資料を見て「えっ！こんなことを文科省が言い始めたのか」と、初めて気が付いたぐらいです。「文部科学省もずいぶんと柔軟になってきたな」と、私が言うのも変ですけども――。

## 夜間中学を支援する動き

こういった夜間中学校を支援する動きは、政府レベルでかなり前から動きが出てきていまして、その関係の資料もあります。閣議決定というのは、総理大臣のもとで各省の大臣が集まって、政府全体の意志として決めることです。法律ほどの力はありませんけれど、政府を縛る力を持っています。閣議決定はやはり必ずやらなければいけない。

その中に「ニッポン一億総活躍プラン」（平成二十八年六月二日の閣議決定）があり、その閣議決定のなかで「夜間中学の設置促進等を図る」と言っています。「子どもの貧困対策大綱」、これも閣議決定で平成二十六年八月二十九日です。ここでも「義務教育の未修了の学齢超過者等の就学機会の確保に重要な役割を果たしている夜間中学校について、その設置を促進する」と言っていますね。

こういうことに基づいて文部科学省も設置促進のための予算を増やそうとなったわけです。中学校夜間学級の設置促進等推進事業の概要が書いてありますが、二十八年度予算額一〇〇万円です。それを来年度の要求額、これはまだ予算がついていませんから要求した額ですけれども、四〇〇〇万円。実に四十倍の要求をしているわけですね。補正予算でも二〇〇〇万円付いています。こういった動きが加速化してきていることを示すものだと思います。

この資料にある通り、この設置促進等推進事業で行うのは夜間中学の新設や、既存の夜間中学における教育機会の提供、拡充に向けた調査研究等ということで、まずは試しの調査研究でやってみよう、そこから全国的な設置の促進を、ということです。

これを埼玉県も受諾をして下さっているということで、埼玉県の積極的な姿勢がうかがえると思います。

## 教育の機会の確保に関する法律案について

立法化が近づいていると考えております。法案の中身、概要が資料に書いてありますが、まずその目的は、教育基本法及び児童の権利に関する条約等の趣旨に則り、不登校児童生徒に対する教育機会の確保、夜間等において授業を行う学校における就学機会の提供その他の義務教育の段階における普通教育に相当する教育の機会の確保等を総合的に推進することです。夜間中学に直接関わる言葉としては、「夜間等において授業を行う学校における就学機会の提供」。そういった義務教育の段階における普通教育、それに相当する教育の機会の確保を進めると言っております。

学校外のフリースクールなどで学ぶ学齢期の児童生徒の学ぶ場を作っていくことと合わせて、夜間中学についても考えていきましょう、増やしていきましょうという方向性を示しております。

そして基本理念の4では、「義務教育の段階の普通教育に相当する教育を十分に受けていない者の意思を尊重しつつ、年齢又は国籍等にかかわりなく、能力に応じた教育機会を確保するとともに、自立的に生きる基礎を培い、豊かな人生を送ることができるよう、教育水準を維持向上する」とされています。特に年齢だけでなく、国籍にもかかわりなくという規定が盛り込まれていることは画期的なことです。この「国籍」という言葉は絶対に入れようと、馳先生ものすごくこだわられました。

この法律ができますと、文部科学大臣が何をしなければいけないか。まず、基本指針を定めなければならないということになります。こういった目的を達成するために国は何をするのだ、そのために地方には何をしてもらうんだ、という方向性を示す基本指針を定めて公表して、その基本指針に則って国も地方公共団体も政策を進めていくことになります。さらに基本指針を作る時には地方の声だけではなくて、民間団体の声も聞くようにする。すでに活動してきた方々がいらっしゃるわけですから、そういった意見を十分に聞きながらやっていきましょう、という条文が入っています。

「夜間等において授業を行う学校における就学の機会の提供」、第十四条と第十五条のところですけれども、「地方公共団体は、夜間等において授業を行う学校における就学の機会の提供等を講ずる」と、そういう場を作るんですよ、とここで言っております。「都道府県及び市町村は、1の事務（夜間中学等を作る事務）の役割分担等を協議する協議会を組織することができる」ということで、都道府県と市町村と民間の方々にも入っていただいて、協議をする場を作っていってほしいという方向性を示しています。

その他のところで、附則の第2項で「政府は、速やかに、必要な経済的支援の見方について検討し、必要な処置を講ずる」と、経済的な支援もきちんと考えなさいよ、ということが書いてあります。

## 夜間中学の設置に関して

この法律ができた際にはこの法律に基づいて、法律ができなくてもすでに夜間中学校の設置を促進する方向性は閣議決定で示されておりますから、文部科学省はそっちの方向にはっきりと進み始めているわけですね。法律ができれば法律に基づいてやりますからもっと進むとは思いますけれども、すでに文部科学省の事務は進んでいます。したがって各県や市町村の教育委員会のみなさんにも、この夜間中学の設置についてぜひ前向きに検討してほしいとお願いをしているところです。

問題は誰が設置するのかということですね。あなたが設置してくれるのだったら、私は設置しなくてすむという関係があって、誰が先に「では私が」と言い出すかを待っているという状態で、これは非常に問題です。「あなたやるなら、ちょっと付き合わせてください」という様子見があるのではないかと思われます。「みんなでいっせのせでやろう」と言ってくれればいいのですが――。最終的には積極的なところが先にできて、その後その他のところが「それでは」とついていく、そんなふうになるのではと思います。

一般の小中学校に関しましては、設置義務は市町村が負っています。先ほど、「義務教育は国や地方公共団体がその機会を提供する義務を負う」と言いました。義務教育の義務のひとつの意味は、その機会を必ず作る義務を行政側が負っていることです。直接的には小学校と中学校に関しては市町村が負っています。それから特別支援学校に関しては市町村ではなくて、都道府県が設置義務を負っております。なぜならば特別支援学校は市町村よりももっと広域的に生徒がいることから、市町村単位で設置義務を負うと非常に少ない人数の特別支援学校になりかねないわけです。指定都市ぐらいには市に義務を負わせてもいいのではないかと思いますけれども、現行の法律上は都道府県が特別支援学校を設置する義務を負っています。

## 夜間中学の設置義務はあるのか

夜間中学は中学校です。しかし設置義務の対象ではありません。設置義務の対象となるのは就学校の指定となる学校です。就学校の指定とは、六歳から十五歳までの子どもの保護者に対して、「あなたのお子さんはこの学校に行ってください」と、教育委員会が指定することです。その就学校の指定をする対象となる学校は必ず存在しなければなりません。だから就学校の指定の対象となる小中学校は必ず設置しなければならないのです。今でも就学校の指定の対象となっていない中学校があります。これは、中高一貫校の中学校ですね。今、公立で中高一貫校が増えていますが、中高一貫校というのは県立であれ、市町村立であれ、就学校の指定の対象にはなっていません。そういった学校に関しましては、そもそも設置義務がかかっていないわけです。中高一貫の中学校を必ず作れという義務はかかっていません。

夜間中学もそれに類する扱いになります。中高一貫校とは全く意味は違いますけれども、就学校の指定対象ではないという意味で、設置義務は市町村にはありません。では県にあるかというと県にもありません。つまり、法律上の設置義務というものはどこにもかかってないのが今の夜間中学です。これは学齢を超過している人を対象にしているからです。

義務教育というのは十五歳までの教育が義務教育となっています。義務教育に相当する普通教育とは中学校の教育までを含んで表す言葉になりますが、義務教育という言葉の本当の一番根本…もともとの意味は十五歳までの普通教育ということです。したがって十五歳を超えてしまっている人たちのことについては、法律上の義務がかかっていませんし、保護者の義務もかかっていません。国や都道府県がその教育の機会を提供する義務は、法律上かかっていません。

当分、その設置義務を課すというところまでは持っていけないだろうと思います。その学齢超過者のための学校を設置する義務を課す、法律上、都道府県なり市町村なりに課すことが立法上必要かどうか、これは検討を要します。つまり簡単に結論を出せない問題だと思います。少なくとも法律上の義務は課さないとしても、各県に必要な数の学びのための場が、あるいは義務教育に相当する普通教育を学ぶための学校を作っていかなければなりません。すでに文部科学省は閣議決定のうえで責任を負っていますし、法律ができればもっとはっきりと法律上の責任を負うことになります。

## 「共同開設方式」と国庫負担について

それではいったい、どうやって設置を促進していくかということです。当面は調査研究のような形でやっていくことですが、最終的にはなんらかの財政的な促進策も取らなければならないだろうと思っております。

その時に設置者は誰なんだというのはやっぱり残ってきますね。今日の第一部で報告された「共同開設方式」は、これは十分考えられる、今の制度のもとでは最も適切な方式だろうと思います。複数の教育委員会が共同で学校を設置する仕組みはすでにあります。一部事務組合ということができますし、学校の設置を他の自治体に委託するという方法もあります。こういった共同で作る方法は非常に優れていると思います。ただその「共同開設方式」の場合に、どこの市に、どこの町に、というのは最後まで残る問題でしょうね。その先の財政的な役割分担とか、あるいは実際の事務の分担とかはなかなか簡単に結論は出ないかもしれません。

ただし単一の市町村で開設するのは、例えばさいたま市がやったら、さいたま市だけで一校設置していいのではないか。つまりそれだけの広がりがありますから、さいたま市内だけでも十分一校を設置するだけ生徒は集まるのではないかと思います。

横浜市は、昔もっとたくさん夜間中学を持っていましたが、今は一校に集約してしまいました。政令指定都市ぐらいになると当然市が単独で設置してしかるべきではないかと思います。それよりも規模の小さい市町村になると、やはり共同開設がいいだろうなと思います。さらに共同開設のような仕組みがうまく作れないということであれば、都道府県が設置するという道もないわけではないと思います。

ただ今の国の財政負担の制度では、市町村が小中学校を設置した場合には国庫負担というお金がいきますが、都道府県が設置した場合には国庫負担をしないのです。つまり、設置義務がある方には負担するけども、設置義務のない方には負担しない。都道府県は小中学校を設置する義務を負っていませんから、都道府県が小中学校を設置することはできますが、その場合、小中学校を設置しても国庫負担はしません。

特別支援学校は都道府県でも市町村でも、どっちでも負担はします。そういう仕組みになっています。今の国庫負担制度のもとでは、県が例えば夜間中学を県立で作った場合には国の負担金がいかないという問題があります。この仕組みについては今見直しをしております。都道府県が夜間中学を自ら県立で作る場合に、国が国庫負担を出すという方向で見直す検討をしております。（注・都道府県が夜間中学等を設置した場合に国庫負担の対象とする法律改正は二〇一七年三月に成立した）

## 学校の財政について

市町村の場合は単独であっても、共同であっても小中学校を設置した場合には国庫負担金が出ます。国庫負担金というのは、そこで仕事をする教職員の給与費の三分の一です。市町村が小中学校を設置した場合には、設置者は市町村ですが、教職員の給与費は県費です。川口市立の小中学校の先生たち、あるいは事務職員の方も含めて、教職員の給与は県が払っています。その三分の一は国が負担している。それが県費負担、国庫負担の仕組みです。

夜間中学は中学校の二部授業として夜間学級を開いている方法をとってますから、学級があり、その学級に応じた教職員の定数があり、配置されている先生の給与は県から出ている。都ならば都から出ているわけですね。その三分の一は国が負担しているという仕組みです。

ですから、教職員の人件費については市町村の財政的な負担はあまり生じません。もちろん市区町村が単独で教職員を配置することはあり得るので、その場合には市、区の単費、単独の経費ということもあります。その他のいろいろな経常的な経費、あるいはその施設を整備・管理する経費といったものは、当然設置者である市町村の経費として予算を計上しなければなりません。

## 夜間中学に杓子定規な法令順守は問題

今後、夜間中学を、本当に文部科学省が正面から政策として取り上げていくことになります。今までは放任していたわけです。「ああ、やってますね」「そうですね」みたいな感じです。放任されていたのでその分自由度が高かったわけです。今度、文部科学省が本気でこの夜間中学を全国に作ろうと始めますと、逆に余計なことを言い始める危険性があります。例えば教育課程（カリキュラム）ですね。夜間中学は文科省もほったらかしにしていたから、カリキュラムも融通がきき、自由にやってこれた側面があります。

中学校という名前はついてるけども、「本当に中学校教育ですか」と中身を問うと、「小学校教育じゃないでしょうか」、あるいは小学校でも中学校でもない、「学校教育でやらないようなこともやってるんじゃないですか」ということになりかねないわけです。

学校教育制度にはいろいろな縛りがあって、教育内容も学習指導要領という大綱的基準に則ってやらなければならないとなっています。検定済み教科書を必ず使用しなければならないという教科書使用義務もあります。そういった縛りがかかってくるわけですね。

今までほったらかしにしていたので、そういったことについて「守りなさい」と、文科省も言っていませんでした。しかし、本当に正面から夜間中学を文部科学省の政策として取り上げていくとなると、「学習指導要領通りの教育をしなさい」とか「教科書をちゃんと使いなさい」とか、余計なことを言い始める危険性――担当官にとっては当然のことですけれど、「杓子定規な法令順守を求める」というのが一番いい言い方かもしれません――ということになりかねませんね。

そこは今の夜間中学の良さを妨げないようにしていかなければならないと思います。仮に埼玉県か川口市が制度上の学校教育法上の学校として夜間中学を作るとなった時に、自主夜間中学校でのいろいろな経験が、様々な形で活かされるようにしていくことが大事だと思っております。柔軟に人数に応じた教育ができるような、仕組みをどう作っていったらいいのかを、文科省も教育委員会も考えていかなければならないと思います。とにかく杓子定規にやるとろくなことが起きないと思っています。

不登校に関してはもう制度ができていて、「不登校特例校」という制度があって、不登校の子どものために別の学校を作ってもいいです、その別の学校は学習指導要領通りのカリキュラムでなくていいです、不登校の子どもに応じたいろいろな柔軟なカリキュラムを組んでいいです、というようになっています。

学齢超過者のための中学校を作る場合に、そういった特例があるかというと、その特例がありません。ですから、そういった特例制度みたいなものを、制度上作る必要があると思います。しかしその特例制度が間に合ってくれればいいのですが、間に合わないままやっていくと杓子定規なことになりかねません。そこはむしろ文部科学省や教育委員会の方が十分に注意しなければなりません。杓子定規な法令の適応をやるととんでもないことになり、本当の大事なニーズに応じることができなくなってしまうと思っております。（注・夜間中学等の教育課程を柔軟に編成できる特例制度は二〇一七年三月に制度化された）

## マイノリティの人たちに教育の機会を作る

今日のテーマは日本の教育の未来です。日本の教育の未来と言う時に、よくグローバル人材の育成とかイノベーティブな人材育成などが語られます。それはもちろん大事なことではあります。しかし、今マジョリティから取り残されている、あるいは光の当たらないマイノリティの人たちというのはいろんなタイプの人がいます。そのいろいろなタイプのマイノリティの人たちの、それぞれの状況に応じた学習の機会、教育を受ける機会を作っていくことが、日本の教育の未来にとって非常に大事なものと思っております。

そのなかでも義務教育未修了の成人の方々もそうですが、これから必ず大きな課題になっていくのが外国からの人たちですね。外国の人たちが増えていくのは間違いないし、日本はまだ移民という政策を正面から取ってはおりませんが、事実上の移民にあたる人たちが次々と日本に入ってきて、そこで生活を営み、家庭を営み、子どもを育て、その子どもたちが育っていく社会になっていくことは、もう明らかだと思います。そのための教育の対応をどうするかということは、これは教育行政が今考えなければいけない大きな問題です。

ほかにもいろいろな社会的なマイノリティの方々がいらっしゃいます。発達障害の問題もありますし、先ほどちょっと触れたＬＧＢＴの人たちの問題もあります。日本社会の古くからあった被差別部落の問題も、いまだに一〇〇パーセント解決しているとは言えません。そういったマイノリティの人たちに、それぞれにふさわしい教育の機会を作っていくことは、これからの教育行政にとっては非常に重要な課題だと思っています。日本の教育の未来と言った時に、私はマイノリティに応じた、とどのつまりは一人ひとりの個人個人に応じた学びの場を、いかに確保するかに尽きると思います。

実はいろいろな意味でのマイノリティという人たちを集めていくとマジョリティになるんですね。もういろんな意味でマイノリティの人たち、それぞれ社会から排除されがちな状況である人たちを、いろんなタイプの人たちをそれぞれ足し合わせていくとマジョリティになります。

つまり多くの人が何らかの意味でのマイノリティに属しているということなのです。例えばLGBT・性的少数者と言われる人は七パーセント以上いると言われていますから、その中にはカミングアウトしていない人も多くいると思いが、この部屋の中にも一〇〇人いるとすれば七人はいらっしゃるはずです。マイノリティを足し合わせていくとマジョリティになるというのは、マイノリティ＝マジョリティっていうのが私の最近のモットーでして、一つひとつのマイノリティのことを考えていくことは、実はマジョリティのことを考えていることになると思っております。

今日お話しいたしましたことは、前川喜平という個人が話していることです。いずれにしても来年はもう文部科学事務次官でなくなります。来年、事務次官になっている人間はこんなこと言わないとは思いますけれども――。

こんな人間もいたということで、私のお話は終わらせていただきます。どうもありがとうございました。

# 第Ⅱ章　法制化は夜間中学開校の新しい扉

## ――川口市長が埼玉県初の夜間中学開校を明言！――

野川義秋　埼玉に夜間中学を作る会

## 法律に定められていない学校

公立の夜間中学の先生たちで組織する全国夜間中学校研究会（以下全夜中研という）は、今から六十三年前の発足当初から『義務教育未修了者への学習を保障する法律の成立』を要望項目に掲げ続けてきた。その理由は、夜間中学が学校教育法に定められていない法律違反の学校として、日陰的な存在とされ続けてきたからである。

その法制化をめざした「義務教育の段階における普通教育に相当する教育の機会の確保等に関する法律（以下教育機会確保法という）」が、二〇一六（平成二八）年十二月の参議院本会議で可決成立した。この法律は、超党派フリースクール等議員連盟と夜間中学等義務教育拡充議員連盟（以下議員連盟という）の合同チームによる議員立法で、第一八九通常国会で断念となり、第一九〇通常国会で継続審議となるなど波乱に満ちた過程を経たが、学びを求める人々の希望の扉を開く法律がやっとできたのである。

全夜中研の公立の先生たちと自主夜間中学や設立運動団体とが協力し連携する取り組みは、夜間中学運動の中でこれまでもなかった訳ではなかった。しかし、本格的に共同歩調を取るようになったのは、二〇〇三（平成十五）年の日本弁護士連合会（以下日弁連という）に対して、「全国への公立夜間中学校設置を目指した人権救済申立」を行った頃からだと言ってよいであろう。

一人前の社会人として生きていくうえでの読み書き・計算を身につける基礎的な教育を保障しないのは、人権侵害に当たるとしたのがこの人権救済申立だった。担当する弁護士が川口自主夜間中学にも視察に訪れ、当時最高齢の生徒だった阿部次子さんの陳述書も提出された。

三年間の審査期間を経て二〇〇六（平成十八）年八月、日弁連は「学齢期に修学することのできなかった人々の教育を受ける権利の保障に関する意見書」を、内閣総理大臣をはじめとする国の主要機関へ提出した。この取り組みは、二〇一二（平成二十四）年八月から二〇一五（平成二十七）年六月にかけて四回にわたって毎年行われた、夜間中学に関する超党派国会議員参加による『国会院内集会』につながっていった。そしてこれらの一連の流れが、この度の法律成立の喜びを公立・自主を問わず夜間中学関係者が共有することにつながっていったのである。

このことを埼玉の運動に引きつけて言えば、これらの協力・協調・連携によって、二〇一五（平成二十七）年六月の夜間中学「議員連盟」による、川口自主夜間中学視察や十月の「三十周年集会」での馳浩文部科学大臣の「立法化の現状と展望」と題する講演が実現した。更には二〇一六（平成二十八）年十月の、「三十一周年集会」における前川文部科学事務次官の講演「夜間中学と日本の教育の未来」にこぎつけることができたのである。

2015年6月　議員連盟の視察

## 前川事務次官の講演実現まで

二〇一六（平成二十八）年八月二十一日、それは基礎教育保障学会の設立大会が行われる日である。多摩モノレールの高松駅で降りた私は、会場のロビーに貼りだす川口自主夜間中学のポスターと、できたばかりの『月明かりの学舎から――川口自主夜間中学と設立運動三十年の歩み』十冊をかかえて、国立国語研究所へ向かった。

オープンスペースとして用意された書籍販売コーナーと、川口自主夜間中学の活動を伝えるポスターを貼りだしたロビーとを行ったり来たりで何となく慌ただしい。顔見知りの新聞記者や大学の先生といった人たちが本を買い求めにきてくれるし、「川口自主夜間中学の様子を聞きたいと言う女性がいる」と、隣の松戸自主夜間中学のスタッフが声をかけにくる。

だが、設立総会が始まって人の動きが二階のホールに集約され、私自身も席に着くと何となく落ち着いた気持ちになる。この日のプログラムは設立総会と第一回研究大会の二部構成である。

――私たちは、ここに基礎教育保障学会を設立します。

基礎教育とは、人間が人間として尊厳をもって生きていくために必要な教育で、人間の生活に最低限度必要とされる基礎的な教育のことです。

私たちは、すべての人々に基礎教育が保障される社会をめざします。それは、すべての子どもが義務教育をきちんと受けることができる社会を基本としつつ、就学前教育、職業教育、成人識字教育なども含めた幅広い教育を受けることができる社会です。

私たちは、子ども、青年、大人といったあらゆる年齢層が、国籍・民族、社会的出身、性の多様性、障がいの有無などによって差別されることのない教育の内容と方法と制度を求めます。

私たちは、基礎教育の研究を軸に、関係分野との交流をひろげ、現場と協力して実践を前に進めていきます。そうすることで、日本の教育の、そして、社会をより一層豊かなものにしたいと考えています。——


以上のように趣意書の前文で述べ、国勢調査の未就学者数や義務教育未修了者の存在、貧困や格差の拡大といった我が国の現状に注視すると同時に、夜間中学や日本語教室・被差別部落の識字学級などの取り組みに触れている。そして「目標」として次のように提唱する。

——私たちがめざすのは、学術性を保ちつつ、研究者、実践者、行政関係者、議会関係者、市民、そして当事者による共同研究ネットワークとしての新しい「学会」の形です。それは、実践のための学問です。現場をより豊かに元気にするための研究、国内外の研究をふまえた政策づくりにむけた取り組みを使命とします。

私たちの学会は、夜間中学、識字運動、地域日本語教室、生活困窮者の自立支援、外国につながる人の学習支援、障がいのある人の継続教育など、教育分野・福祉分野・労働分野などの研究者や関係者の交流・連携を進めます。――


全文にルビがほどこされ、やわらかい表現ながらも力強さのにじみ出る文面は、学会というアカデミックで近寄りがたい感じとはほど遠いものだ。文学団体とか市民グループ以外どこにも所属したことのない私の偏見かも知れないが。しかしそれだけ親近感を抱くことができる。

設立大会の後は第一回研究大会で、スローガンは「すべてのひとに基礎教育が保障される社会をめざして！」である。本日の会場を提供している国立国語研究所の野山広さんの歓迎の挨拶の後、文部科学省の前川事務次官の挨拶と続く。

挨拶に立った前川事務次官は、自分自身は文部科学省では異端的な存在であると切り出し、馳浩文部科学大臣から松野博一大臣に交代したことについては、教育機会確保法を可決成立させるために、また議員としてやってもらえるとの期待が示された。

そのあと憲法第二十六条に触れ、条文は「すべて国民は法律に定めるところにより、その能力に応じて、ひとしく教育を受ける権利を有する」となっているが、国民は人と読むべきであり、外国人も含まれると解釈するのが妥当であると言い切る。話を聞いていた私の心のどこかで、えっ？という思いがわいてきていることを自覚する。まるで戸惑う私を追いこむように、オーバーステイの子どもも学びは保障するべきであり、「能力に応じて…」は、ＩＱなどではなく、個性や特性をいうのだと展開していく。そして夜間中学についてでは、文部科学省は文部省の時から、見て見ぬふりをしてきたが、そうすることで逆に干渉しない態度をとり続けてきたとの話に及んだ時、今発せられていることばは、文部科学省の事務方の最高の地位にいる人物の生の声なのだと自問自答しながらメモをとる私自身がいた。

七月十日の第八回設立大会準備会に出席した時に、前川事務次官の挨拶が長くなるであろうことはささやかれていた。確かにもう予定の十分をはるかに超えていた。しかしそのようなことよりも、もっと聞きたいという気持ちに駆られ始めていた。

昼休みの時間、川口自主夜間中学の代表である金子さんと前川事務次官の挨拶のことが話題にあがり、十月二十九日に行う予定の三十一周年集会で講演をお願いできないだろうかという話になった。いい思いつきには違いなかったが、直接の面識も何もなかった。思案した結果、川口在住で準備会などでも顔も会わせており、前川事務次官とも近しい関係にあるという野山さんを通じてお願いできないかとの思いに至ったのである。

あたって砕けるしかない！　そんな気持ちで姿を探して相談してみた。すると、今日の挨拶のお礼に、元東京都内の夜間中学の教師で学会の事務局長に就任した関本さんたちと行くので、その時に話をしてみると快く承諾してもらった。そこで、次の手紙を託すことにしたのである。

文部科学事務次官　　前川喜平　　様

埼玉に夜間中学を作る会代表　野川義秋
川口自主夜間中学代表　金子和夫

ご講演のお願い

常日頃から、日本の教育行政に対するご尽力に心から敬意を表します。

早速で失礼します。私たちは八月二十一日の基礎教育保障学会の設立大会に埼玉から出席し、「第一回研究大会」で前川事務次官の『お祝いのメッセージ』を拝聴した者です。

お願いがありましてこの手紙をしたためています。

「埼玉に夜間中学を作る会」と「川口自主夜間中学」が、自主夜間中学を週二回開設しながら、埼玉県内に公立夜間中学校を設立する運動を始めてから今年で三十一年目を迎えます。年次総会に代わるものとして、十月二十九日（土）に「三十一周年集会」を行なうことで準備を進めているところです。

第一部では「作る会」と「自主夜間中学」の一年間の報告を行ない、第二部においてまして は講演をと考えております。昨年は就任早々の馳浩文部科学大臣がおいで下さり、「立法化の現状と展望」と題して講演して頂きました。

二十一日の事務次官のメッセージにありましたところの、憲法第二十六条に触れたところや義務の解釈について、そしてまた、夜間中学校に対する思いなどをお聞きするうちに、お願いすることを思い立った次第です。

なお、会場はＪＲ川口駅から程近い「かわぐち市民パートナーステーション」で、講演の時間帯は午後二時三十分頃から一時間を考えております。会場の関係で期日が決定していますが、ご検討のほどよろしくお願い申し上げます。

平成二十八年八月二十四日

手紙を託してから約一週間後、帰ると野山さんから電子メールが入っていた。

――さきほど文部科学省に前川次官訪問ということで行ってきました。送っていただいた本（「月明かりの学舎から」）、依頼の手紙含めてお渡ししました。

十月二十九日の講演について、この日はスケジュール的には大丈夫とのことで、前向きに考えてくださるとのことでした。――

画面を見て、私は思わず手を合わせた。限定した日程でのお願いであったので、無理かも知れないとの思いがつきまとっていたからである。

野山さんからの連絡から少し遅れて、関本さんからも報告が送られてきた。その中に、今後は事務次官の秘書を通じて調整を行うようにとの示唆があった。

このようにして、基礎教育保障学会の設立大会がきっかけとなり、そこにおける人と人とのつながりによって前川事務次官の埼玉での講演が実現したのである。

会場は火曜日の自主夜間中学の教室である「かわぐち市民パートナーステーション」である。約百名入る部屋に県内外からの出席は八十人で、私たちの力不足で満席にはできなかった。しかし、前川事務次官からは参加者に期待どおりのことばをたくさん頂くことができた。

さて、教育機会確保法案成立を期して、関東圏の自主夜間中学合同で国会に対する要請行動を行ったことは次の章で述べるが、二〇一六（平成二十八）年十一月十四日に国会議員会館に行った時に、前川事務次官にお礼の挨拶をするため文部科学省を訪問した。その時に持参したのが次の手紙である。

拝啓

十一月に入って木枯らし一号も吹き、朝夕の冷えこみも一段と厳しくなって参りました。その後もご多忙な日をお過ごしのことと思います。

改めまして、十月二十九日はお忙しい中を、埼玉に夜間中学を作る会と川口自主夜間中学の「三十一周年集会」にお出で頂きましてありがとうございました。

会場となりました「かわぐち市民パートナーステーション」は、自主夜間中学の火曜日の教室でもあります。力不足でこの教室を満席にすることができませんでしたが、八十名の方々が参加して下さり、前川事務次官のお話を一般市民や県内外の夜間中学に関わる人たちは元より、議会・行政・報道関係といった幅広い人々に聞いてもらう貴重な機会にすることができました。

講演をお願いする時の手紙に、基礎教育保障学会でのメッセージで触れておられましたところの憲法・義務・夜間中学への思いのことを書きました。今回の講演では、それらをさらに深める形で盛りこみながら、戦前・戦中・戦後の教育制度などについてもお話し下さいました。また埼玉で取り組んでいますところの、市町村が応分の負担をしあう「共同開設方式」に関しましては、過分なおことばを頂きまして力強い思いを抱いたところです。

今回の前川事務次官の講演をこの場限りにすることなく、より多くの人々に届ける為に記録として残していくことも考えています。その手法につきましては、出塩秘書と相談しながら進めていきますので、ご了解のほどよろしくお願いします。

終わりになりますが、埼玉の夜間中学運動にとりましても三十一年という一区切りは、自主夜間中学にとりまして積み重ねてきた年輪ということができます。しかし設立運動にとりましては、目標にひたすらまい進する道のりの一里塚でしかありません。これからも教育機会確保法の成立を願うその一方で、学びを求めるあらゆる人々の思いを実現する為に、スタッフ・生徒一同で手を携えながら埼玉の地で頑張っていきたいと思います。どうぞこれまでと同じように見守って下さいますようお願いしますと同時に、前川事務次官のご健康をお祈り致しましてお礼の締めくくりと致します。

敬具

二〇一六（平成二十八）年十一月十四日

埼玉に夜間中学を作る会代表　野川義秋
川口自主夜間中学代表　金子和夫
事務局長　小松　司

文部科学事務次官　前川喜平様

## 教育機会確保法が可決成立！

前川事務次官を招いた三十一周年集会は、教育機会確保法案の立法チームの丹羽秀樹座長と夜間中学「議員連盟」の馳浩会長への、法律成立に向けた奮闘を期待する要望書を採択して無事に終了した。

この周年集会と前後して、全夜中研の副会長である足立区立第四中学校の須田先生から、国会議員への要請行動の進言があった。全夜中研としてはすでに行ったので自主夜中としても独自で行ってはというものだった。助言を受けて取り組んでいくことを事務局や自主夜中に確認して、江東・松戸・福島などの各自主夜中と連絡を取ったところ了解を得られた。そこで、松戸市に夜間中学校をつくる市民の会の榎本代表に国会議員との連絡調整をお願いして、私は要請文の案文作成にかかった。まずこの三つの自主夜間中学に配信して、文言に対するやりとりを経て文面ができあがった時点で、「えんぴつの会」などにも働きかけを行った。その結果五つの自主夜間中学と二つの関係団体からの賛同を取り付けた。

そして十一月十四日、有志七名で要請文を携えて国会議員会館に赴いた。

「教育機会確保法案」立法チーム座長　丹羽秀樹　様、同事務局長　寺田学　様

夜間中学等義務教育拡充議員連盟会長　馳浩　様、同事務局長　笠浩史　様

関東圏「自主夜間中学」等夜間中学関係者一同

臨時国会における議員立法成立のお願い

常日頃から夜間中学に対するご理解、さらには教育機会確保法の成立に向けたご尽力に

心から感謝申し上げます。本日は、関東圏におきまして自主夜間中学の運営に携り、尚且つ公立夜間中学校の設立運動等に関わっている立場の者たち一同でお願いに参りました。

超党派の国会議員の先生方はこれまで、東京の足立区立第四中学校や関西の守口市立第三中学校の公立夜間中学校は元より、昨年六月九日は埼玉の川口自主夜間中学の視察に来て下さり、そこで学ぶ生徒の姿と直に接して下さいました。また同じく十月十七日には、就任早々の馳浩文部科学大臣に、埼玉の「夜間中学運動三十周年集会」で、『立法化の現状と展望』と題して講演して頂きました。

今年に入りましてからも、文部科学省の前川喜平事務次官が九月七日に札幌遠友塾自主夜間中学を視察され、十月二十九日には埼玉の「三十一周年集会」で講演して下さいました。このように政府や立法府、国の機関としての文部科学省が、自主夜間中学の学びに目を注いで下さっていることを、各地の自主夜間中学の生徒・スタッフ一同も心強く思っているところです。

私たちはこれまで、過去四回の夜間中学に関する「国会院内集会」に参加し、第一次と第二次の立法チームの「勉強会」、「合同総会」などにも、全国夜間中学校研究会の陪席の輪に加えてもらって出席して参りました。それは教育機会確保法の成立に、期待する強い思いを抱いたからにほかなりません。

現在会期中の臨時国会では、国内外の諸情勢に直結する多くの議案を審議しなければならない状況は重々承知しております。しかし、読み書き・計算ができないことで肩身の狭い思いを抱いている人や、日本語を習得していないことで日本での生活に支障をきたしている外国人に、生きていく上での基礎的な学びを保障していくという観点からも、ぜひ成立して欲しい法律だと考えています。例えば、形式卒業生の再履修につきましては、議員立法に先行して昨年七月三十日に文部科学省が各都道府県と各指定都市教育委員会に通知文を出しましたが、これも公立夜間中学校のない道県では、選択肢が増えただけに過ぎないことになってしまいます。

このようなことからも、「全国の都道府県にまず一校の公立夜間中学を!」の目標からも、今臨時国会の会期中に成立させて頂きますようどうぞよろしくお願い致します。

平成二十八年十一月十四日

―付記―

※賛同の自主夜間中学及び関係団体

・江東自主夜間中学・松戸自主夜間中学・柏自主夜間中学

・福島に公立夜間中学をつくる会・神奈川・横浜の夜間中学を考える会
・えんぴつの会・あつぎえんぴつの会・川口自主夜間中学

四つの議員控え室を訪ねたが、直接会えたのは議員連盟の馳浩会長と笠浩史事務局長だけだった。それでも、両議員から今国会での成立に向けて最大限努力していくという力強いことばを頂いたのだった。

時期を同じくして、動きも慌ただしくなった。全夜中研から国会傍聴の連絡をもらい、要請から四日後の十八日に行われた衆議院議員文部科学委員会に、夜間中学関係の十二人の傍聴人の一人として私も出席した。

各委員と文部科学大臣・文部科学省との質疑応答では、不登校の定義に関する懸念や疑義、また法案の十五条における協議会の規定について等、これまでの勉強会、総会といった場でも議論されたことが出されていた。共産党や社民党から強く主張されてきたところの、法案をフリースクールと夜間中学とを分離する意見も同じように出された。

討論では共産党と社民党がやはり分離論の観点から反対の意見表明をした。その後採決に入って賛成多数で採択となり、引き続いて自民党から提案のあった九項目の附帯決議の方は、共産・社民両党の委員を含む全委員賛成で可決した。傍聴席からこのことを確認した時、教育機会確保法の成立を確信したのだった。

「これから、忙しくなるわよ」

長年都内の夜間中学の先生をして、今は神奈川の「えんぴつの会」で活動している澤井先生が後ろの方で呟く声が聞こえた。

このようにして、十一月二十二日の衆議院議員本会議、十二月六日の参議院文部科学委員会を経て、翌日七日の参議院本会議で「義務教育の段階における普通教育に相当する教育の機会の確保等に関する法律案」は可決成立したのである。

## 二〇一九年四月、川口市に県内初の夜間中学が開校！

およそ二年間の月日をかけて可決成立したこの教育機会確保法が、手放しで喜べないことは、立法チームの勉強会や国会審議の過程等を見れば明らかである。またこの法律は理念法であり、法律の成立が即夜間中学の開設につながるものではない。従って、作らせることを目的とする取り組みが不可欠である。しかし、公立の夜間中学が一校もないために、片道一時間半も二時間もかけて東京都内の夜間中学までわざわざ通い続けている埼玉で、川口で自主夜間中学を開設しながら三十二年もの間設立運動を続けてきた立場としても、今回の成立は一筋の光明であり喜ばしいことだった。

発行している機関紙「銀河通信（第一三四号）」（二〇一七年一月号）で、「議員立法可決成立！新たな運動の展開の始まり」と題して報告したが、そこに次のような文面を盛りこんだ。

――日本の義務教育の歴史で、夜間中学が肩身の狭い思いを抱かざるを得なかったのは、法律で認められていない中学校だったからでしたが、この度の法制化によって積年の思いが取りはらわれることになります。そのことを埼玉のこれからの運動に引き寄せて、法律の元で設立をめざす「新たな展開の運動の始まり」にしなければなりません。

県教育局はすでに、今年度の文部科学省の夜間中学に関する『調査研究費』を受託し、市町村支援部に「中学校夜間学級設置検討会議」を正式発足させています。そして、主要市の十一市との間に連絡協議会を設けて、九月二十六日に第一回目の会合を行っています。

今回の可決成立を受けて、すぐに話し合いの要望を伝えました。しかし、県議会中であることや文部科学省の施行令などを理由に応じてもらえず、残念ながら新年早々への持ち越しとなりました。

法律にうたっている協議会の位置づけを含め、法制化を埼玉の設立実現の促進につなげられるか否かは、私たちの運動にかかっています。教育機会確保法が成立した今こそ、そのことを自覚することが求められています。──

年が明け、東日本の地域で動きが出始めた。まず二月の始め、北海道札幌市議会における文教委員会で「公立夜間中学校のすみやかな設置を求める陳情」が、全会派一致で採択されたとのニュースが入ってきた。その月末には、千葉県松戸市の本郷谷市長が、二〇一九年の四月に松戸市内に夜間中学を開校すると表明したことが新聞で報じられた。いずれも、長年にわたって自主夜間中学を開設しながら設立運動が行われている地域である。

三月四日に松戸市内で文部科学省教育制度改革室の常盤木祐一室長の講演会があった。これは松戸自主夜間中学の二九〇〇回授業を記念するものだった。私ももう一人のスタッフと参加した。この会場に来ていた本郷谷松戸市長は、「市内に二〇一九年の四月、夜間中学を開校します。どこに設置するかは、これから校長先生たちと相談します」と語った。そのことばを聞きながら、埼玉は一体いつのことになるのだろうかと、羨ましい気持ちを抱いて聞いたのだった。

ところがそれからわずか五日後の三月八日朝、新聞の見出しに私は釘づけになった。そこには『川口に市立夜間中学─市長、開設検討の方針─』のことばがあったからである。そしてその夕方近く、携帯電話に新聞記者から立て続けの着信があるのに気づいた。かけてみると市長が夜間中学を作る決心をしたということばを、市長室で直に聞いたというのである。

八日以降各新聞の埼玉版に、このことが頻繁に記事として掲載されるようになる。開校する時期や施設の利用形態等の情報が錯綜したが、市長は二〇一八年か二〇一九年の四月、閉校になった旧芝園小学校に県内初の夜間中学を開校することを明らかにしたのである。

驚きだった。全く何らの前触れもなかったことであり、これまで三十二年間川口市は、「夜間中学を必要としている人は県内全域に在住しているから、広域行政として県がやるべきだ」と主張してきており、その姿勢からすると想像すらできないことだ。しかし理由はどうであれ、奥ノ木市長の大きな決断は歓迎すべきことだった。私たちは協力会員や機関紙の読者・関係団体に、このうれしい話を『速報』で知らせた。

速　報！

『県内初の公立夜間中学校誕生へ！』

協力会員・銀河通信読者の皆さん！　川口市内に公立夜間中学校が、開設されることになりました。今月の八日に奥ノ木市長が明言し、場所は旧芝園小学校で来年か再来年の開校をめざすとしています。

昨年の十二月に「教育機会確保法」が可決成立して、わずか三ヶ月後のこの朗報がもたらされるとは、驚きと同時にうれしい限りです。

『三十二年目の運動が大きく前進』

川口自主夜間中学を開設しながら、県内に公立の夜間中学をめざす運動が、三十二年目にして大きく前進することになります。十二日に川口駅前で行った今年最初の駅頭署名活動で、早速一般市民に報告しました。これも協力会員・読者、署名という形で支援して下さった県民・市民の方々の力添えがあったからこそと感謝しています。

『引き続き支援を』

私たちの取り組みは、国籍や性別・年齢を超えて学びを求める人たちの願いを叶えることが目標です。県内初の夜間中学で学ぶ姿をこの目で確認するまで、行政への働きかけを行っていきます。

詳しいことは、四月末に発行予定の銀河通信でお知らせします。引き続きご協力をよろしくお願いします。

埼玉に夜間中学を作る会・川口自主夜間中学

松戸市に続く〝川口市に県内初の夜間中学が開校！〟のニュースは、全国の夜間中学校関係者からも歓迎の声が上がったことは言うまでもない。全夜中研は速報の通信まで作成して配信したほどだ。基礎教育保障学会の上杉孝實会長は全夜中研のその情報に、「埼玉での朗報、ありがとうございました。これまでの取り組みの成果があらわれていることを実感します。各地への影響を期待します」というコメントを寄せている。

私たちは埼玉出身の夜間中学の卒業生に、「応援メッセージ」を寄せてもらう取り組みをしており、これまで十二人が賛同してくれている。さいたま（旧大宮）市の出身で、今は都内の中学校で教師をしている土屋裕子さんからは、次のようなことばをEメールでもらった。

おめでとうございます！　大変うれしい報告ありがとうございました。野川さんはじめたくさんの方々の力でここまでこられたのだと思います。私自身は何もお力になれず、陰ながら応援するこ

2017年（平成29年）5月11日（木曜日）　埼

## 川口の夜間中

# 「開校へ協力」要望

## 作る会、市長と面会

川口市が県内初の公立夜間中学を開校する方針を表明したことを受け、これまで公立夜間中の開設を求める運動を続けてきた市民団体「埼玉に夜間中学を作る会」（野川義秋代表）と「川口自主夜間中学」（金子和夫代表）の代表ら7人が10日、奥ノ木信夫市長と会談し「決断」に謝意を述べるとともに、市民団体と協力して進めていくよう要望した。

川口市では「作る会」が1985年9月に発足し同12月、川口自主夜間中学を開校した。それから32年間、市長との公式の会談は初めてとなった。

会談で野川さん(80)らは「市民団体としての長い経験を生かして市に協力していきたい」と表明。奥ノ木市長は「時代の流れで決断した。皆さんの意見も聞きながら全て前向きに考えたい」と述べ、市民団体と協働で進めていく意向を強調した。

会談後、野川さんは「32年間運動してきて、市からいい返事はもらえなかった。諦めと危機感を感じていたところに開校を決断してくれた。想像していなかったので感謝と喜びは大きい。学びを求めている人たちのニーズを代弁していきたい」と語った。

川口自主夜間中学で教えるスタッフのほか、東京都内の公立夜間中学で長年教師を務める須田登美雄さんが同行。須田さんは「川口市長の本気度が分かった。全国のモデルケースになるので期待したい。今後の動向は全国に発信していく」と話した。

◇

川口市の奥ノ木信夫市長は10日、「埼玉に夜間中学を作る会」との会談で、市立夜間中学について、新市立高校が開校する2019年4月、閉校になる市立県陽高校（同市並木1丁目）の一部校舎を暫定校舎として開校し、同時に旧市立芝園小学校（芝園町）の校庭で市立夜間中の新校舎を着工する計画を明らかにした。

奥ノ木信夫市長（中央）と握手する「埼玉に夜間中学を作る会」の野川義秋代表と市民団体の人たち＝10日、川口市役所

当初に計画していたプレハブ校舎ではなく、本格的校舎を建てる。完成には2年ほどかかる見込み。（岸鉄夫）

埼玉新聞　2017年5月11日

朝日新聞（夕刊）　2017年（平成29年）6月21日

# 夜間中学 新設の動き

## 首都圏 外国人増加で需要

## 公立20年ぶり

## 新法の後押しも

### 市民の活動実る

朝日新聞夕刊　2017年6月21日

としかできませんでした。（途中略）開校までまだ道のりはありますが、まずはうれしい報告ありがとうございました。

また、二〇一七（平成二十七）年七月三十日付けで、文部科学省の初等中等教育局が出した「義務教育修了者が中学校夜間学級への再入学を希望した場合の対応に関する考え方について」という通知によって、四月から世田谷区立三宿中学校で学ぶようになっているYさんにこのことを報告したところ、お祝いのメールが届いた。

ありがとうございます！　そしておめでとうございます！　みなさんの活動がやっと現実のものとなってきて、これから国、教師、支援者、生徒共々、力を合わせてよりよい教育の場がつくられていくことを願います！

Yさんは、江東や川口の自主夜間中学に通って学んでいた形式卒業生の女性である。

こういった内外関係者や周囲からの良かったねとのことばに喜ぶ反面、まだ何があるかわからないという戒めが常に頭をよぎる。一九八五（昭和六十）年に運動を始めてから三年目頃に、ひょっとしたらできるかも知れないと思わせる県や川口市の動きがあった。しかし、ぬか喜びに終わってしまった苦い経験があったからだ。机に向かって教科書とノートを広げた学習者の姿をこの目で見届けるまでは、行政の動きを注視しつつ積極的に連携を求めていこうと心に決めた。

月末に入ったある日、全夜中研の理事を務めている足立区立第四中学校の須田先生から連絡が入った。三月三十日の午後、超党派フリースクールと夜間中学の議員連盟の合同総会が行われることになっており、松戸の「市民の会」と埼玉の「作る会」には、馳浩会長に対する夜間中学開校の挨拶の機会を用意してくれるとのことだった。この総会は、「教育機会確保法に基づく基本指針（案）について」検討するために設定されたものであった。

その当日、馳会長が会合の始まる午後三時より前に会場入りされたので、松戸の榎本代表と正面席の会長のところへ行ってそれぞれ報告をした。「良かったね。地元の新藤議員もがんばってくれたようだから、挨拶に行った方がいいと思うよ」と、ことば短かにそう言われた。

馳会長のことばを受けて、四月十九日に事務局や川口自主夜間中学のスタッフ有志の五名で、衆議院議員会館の新藤議員の控え室を訪れた。そこで、新藤議員の口から発せられたのは意外なことばだった。それは、奥ノ木市長が作る会や自主夜間中学から何も話がないと言っておられるというものだ。

それを聞いて驚き、すぐに釈明した。ほんとうは市長と会いたい気持ちはあったが、三十二年間、夜間中学のことで川口市の市長と面談できたことはただの一度もなかった。従って、やむなく三月十五日に担当部署である川口市教委学務課と会って、市長の真意を間接的に確認したのだったと。その時の学務課長の「正直に言って市長の表明に驚いているところだが、市長の意向に沿って準備を進めていく」ということばを聞いて安心したことを告げ、奥ノ木市長に会わせてもらえるならぜひそうさせてほしいと話した。新藤議員は私たちの言い分を理解してくれて、五月十日の表敬訪問が実現したのである。

奥ノ木市長が開校年次や場所を明確にし、しかも日本人・外国人の区別なく川口市周辺地域からも生徒を受け入れていくとの決断に対して、心からの感謝のことばを述べた。それと共に、地元川口で三十二年間自主夜間中学を開設しながら、設立運動を担ってきたなかで培ってきた立場での協力を申し出た。市長は「ぜひそうしてほしい。よろしく頼みます」と快く応じてくれた。

2017年5月　川口市長を表敬訪問

## 『協議会』の設置と埼玉県教育局

市長の表敬訪問から一週間後の十五日、県教育局小中学校人事課との話し合いがやっと実現した。今回の話し合いは、①川口市の夜間中学開校への県としての協力要請。②平成二十八年度に文部科学省から受託した、中学校夜間学級の設置促進事業における「調査研究」の報告書について。そして一番の眼目は③二月十四日に施行令の出た教育機会確保法第十五条に定められている『協議会』に関するもであった。

この条文は、「協議会を組織することができる」との規定で、義務付けたものとはなっていない。この日私たちは、県にまず協議会を設置して、そこに民間団体である埼玉に夜間中学を作る会や川口自主夜間中学を、構成員として加えてほしいと要請した。四月に赴任した管理幹は、川口市を吃緊の課題として位置付けて、二〇一九年四月開校に向けて県として支援していくとしつつも、当面は昨年市町村支援部内に設置した「中学校夜間学級設置検討会議」のままでいくとし、私たちが要望した協議会への移行は考えていないとの回答だった。

この日は、県の主張を受け入れることはできないので、要望書を提出するとかの何らかの対応をとることを告げて話し合いを終了した。

この後、空席となっていた県の教育長に文部科学省出身の小松弥生氏が就任した。そこで、小松新教育長に協議会に関する要望書を提出した。

埼玉県教育長　小松弥生様

埼玉に夜間中学を作る会代表　野川義秋
川口自主夜間中学代表　金子和夫

「協議会」設置についての要望書
この度の埼玉県の教育長就任、誠におめでとうございます。
私たちは今から三十二年前から、川口市内で火曜日と金曜日の週二回「自主夜間中学」を開設しながら、県内に公立夜間中学校を設立する運動を続けている「埼玉に夜間中学を作る会」と「川口自主夜間中学」です。どうぞよろしくお願いします。
去る五月十五日、夜間中学に関して教育局の小中学校人事課と今年度はじめての話し合いを行いました。その中で、再来年四月に川口市内に開校する予定になっている夜間中学につきましては、県としても支援していく意志を明確に示して頂くことができました。このことにつきましては、私たちも心強い思いを抱きました。

その一方で、昨年十二月に可決成立して今年の二月十四日に施行令が出されている、「義務教育の段階における普通教育に相当する教育の機会の確保に関する法律（以下教育機会確保法という）」の、第十五号に基づく協議会の設置に関しては前向きな回答を頂けませんでした。

私たちは話し合いの中で、率直に、現在市町村支援部の中に設けている『中学校夜間学級設置検討会議』を発展的に協議会に移行させ、その構成員に民間団体としての「埼玉に夜間中学を作る会」と「川口自主夜間中学」を加えて欲しいと申し上げました。しかし四月に就任早々の管理幹は、当面は「設置検討会議」で進めていく考えであることを表明されました。

協議会に関する回答内容は到底納得のいくものではありませんでした。県が川口開校に向けて支援してくれることは、責務でもあり当然ですが、二〇一〇年の『国勢調査』の結果にもありますように、県内に在住する未就学者の数は四七八七人にものぼります。県はこの人たちの存在を視野に入れた教育行政施策を講じていく立場にあるといって良いと思います。例えば川口に開校したとしても「川口までは、遠くてとても通いきれない」といった声が聞こえてくるようになるのは目に見えています。秩父・所沢・入間・深谷などの遠方から通うのは困難だと思うからです。

このような観点から、ここに再度文書を持って要望致します。新しい法律に基づいて協議会を設置し、民間団体としての私たちを構成員として加える方策を局内において検討して下さい。かつて県庁舎には「憲法をくらしにいかそう」という大きな垂れ幕が掲げられていた時代がありました。日本人・外国人を問わず全ての人に学びを保障することを目的として教育機会確保法を、埼玉の地に根づかせる意味からも協議会の設置は不可欠と考えます。小松教育長のお考えを書面にて七月二十日までにお示し下さいますようにここに要望致します。

また、できるだけ早い機会に夜間中学のことにつきまして、小松教育長と話し合いを行う機会を設けて下さいますよう、重ねて要望致しまして文面のしめくくりとします。

平成二十九年七月五日

要望書の末尾にあるとおり、書面による回答を求めていたが、直接会って話したいとの要望が事務局の方に伝えられ、やむなく応じることとした。小松教育長は就任早々で多忙のため五月十五日の管理幹に加えて、小中学校人事課の課長が出席した。

川口市の夜間中学開校に関しては、県としても最大限に支援していく考えがこの日も明確に示された。また、前回お願いしたままになっている『調査研究』の報告書についてはこの日に配布があった。

協議会については、私たちの今ある「検討会議」を協議会に発展的に移行してほしいとの要望については課長から回答があった。

「県としては、正直に言って抵抗感がある。皆さんの主張は理解できるが、ハードルが高い気がする。必要があれば検討したいとは考えている」

といった主旨の発言であった。

私たちはあくまでも、教育機会確保法の元における協議会を設置して、埼玉全域に在住するすべての人々に学びを保障するのが、県の教育行政の責務であるという考えに立って引き続き要望していくことを伝えた。

## 埼玉の夜間中学運動の方向性

川口市の奥ノ木市長が三月八日に開校を明言した次の週の十二日（日）は、川口駅での駅頭署名活動の日だった。この日参加した二人のスタッフから、夜間中学ができることになったのになぜ署名活動を行うのかとの質問を受けた。いきなりの問いに私はとまどった。市長の表明はあったが、まだ実現したわけではないこと、実際に学ぶ生徒たちの姿を目にするまでは署名活動は続けていくこと、従って、夜間中学が地元川口にできることになった報告を交える、と説明して納得してもらった。その後も、自主夜中のスタッフの中では、夜間中学ができれば「作る会」は役割を終えることになるのではとの意見がささやかれていた。

このことは、埼玉の夜間中学運動のあり方を左右する大事な問題でもあった。月例の事務局会議でも議論を重ねるなかで、私たちの組織名は「川口に夜間中学を作る会」ではなく「埼玉に夜間中学を作る会」として県全体を視野に置いた義務教育の保障を目的としていることを確認した。県への要望書に、県内に在住する未就学者数四七八七人をあげ、川口に開校したとしても秩父・所沢・入間・深谷などからは通いきれないことなどを明記したのも、その議論から導き出されたものだった。

この視点に立てばたとえ川口にできたとしても、二校目、三校目の夜間中学の必要性が出てくるのは火を見るよりも明らかである。そのような意味でも、公立ができたとしても自主夜間中学は続けていく方向性を確認しており、川口から二校目の候補地に移すとか分校として開設するとかを模索することになるであろう。

疑問が出されている駅頭署名も、次の文章を署名用紙に書き加えて引き続き取り組んでいくことを再確認した。

——念願であった教育機会確保法も二〇一六年十二月に可決成立し、このたび、川口市に県内初の夜間中学ができることになりました。しかし私たちは、県内に住むすべての人に対する学びを保障する公立中学校夜間学級のさらなる開設を求めます。よろしくお願いします。——

署名数は現在五六〇〇〇人。五万人までは埼玉県知事及び教育委員会、川口市とさいたま市の各市長及び教育委員会に提出済みであり、六万人に達し次第追加として提出すること

川口自主夜間中学の授業風景

にしている。

協力してもらった署名の数という点からすれば、反原発・原水禁といった署名活動の成果には及びもつかない微々たるものと言えよう。しかし、義務教育未修了者の存在や学びの場の必要性を県民・市民に直接訴えることができるこの取り組みは、集まった署名の数では言い表せない手応えを感じている。

さて、二年前から私たちは、県議会の六会派を母体として「夜間中学を支える埼玉議員の会（仮称）」の発足に取り組んできた。民進・共産・公明の各党と二つの無所属の会にはすでに応諾を取りつけていて、課題は県議会最大党派の自民党の了承が得られていなかった。実は四月十九日に新藤義孝衆議院議員に挨拶に行った際に、このことも相談していた。

結果として、自民党として夜間中学は支援するが、「夜間中学を支える埼玉議員の会」に加わることは党として賛意を取りつけるのはむずかしいという意向が示された。超党派の「議員の会」に対する望みを断念する訳ではないが、県議会における全党派・会派から支援を取りつけているそのことを、今は大事にして川口開校に向けてまい進することにしたのである。

繰り返すが、協議会の設置に向けた取り組み、これは、可決成立した教育機会確保法を根づかせていく要でもある。北海道から九州までの各地で展開されている設立運動や公立・自主夜間中学と連携しながら、その布石づくりに努めていきたいと思っている。

特別寄稿

# 第Ⅲ章　今後の夜間中学の新設に向けた展望

## ――基礎教育保障学会の設立と教育機会確保法案の成立を踏まえながら――

野山 広　国立国語研究所

## はじめに

すでに、この本の中で述べられていますが、二〇一六年の八月二十一日に設立された「基礎教育保障学会」の場において、「埼玉に夜間中学を作る会」の野川さんから、前川喜平さんの講演に関して依頼がありました。何とか無事につなぐことができて、その際の講演の内容等がこのような形で出版に至ったこと、うれしく、かつ、ありがたく思っています。ここでは、前川さんの講演内容に関連して、野山（2017）を踏まえながら、基礎教育保障学会の設立と教育機会確保法案の成立、そして、関連施策を総合的に推進するための人材の確保、育成の重要性について展望したいと思います。

## 基礎教育保障学会の設立と教育機会確保法案の成立

二〇一六年八月二十一日（日）に国立国語研究所（東京都立川市）において、基礎教育保障学会（Japanese Society for the Study of Basic Education and Literacies: JASBEL）の第一回研究大会が、約一六〇名の参加者を得て開催されました。

研究大会の最後に行われたリレートークでは、夜間中学、日本語教育、識字教育、子どもの貧困対策、生活困窮者支援、障がい者の教育保障、社会教育などの関係者が、隣接領域や分野を超えて結集する基礎教育保障学会の次なる一歩について、語り合い展望しました。

その後、二〇一六年十二月に成立、施行された、「義務教育の段階における普通教育に相当する教育の確保等に関する法律（教育機会確保法案）」の成立を、八月の時点では大いに期待しつつ、学びの場の確保を視野に入れた課題について焦点を当てました。具体的には、識字・日本語学習をめぐる新たなうねりを起こすに当たって不可欠な日本語のリテラシー教育や、その教育を支える教員やコーディネーターの必要性、重要性はもちろん、その基礎教育を保障する社会の基盤となるリテラシー＝識字（読み書き）調査の在り方等に関して、改めて検討する必要がある（野山２０１６）、ということです。そして、そのリテラシー調査を基にして、共生社会構築の基礎データとして活用、援用することで、今後の多言語・多文化社会や共生社会の在り方が、ようやく実質的に展望できるようになるだろう、ということです。

このリテラシーの教育の充実に向けた社会的基盤作りやネットワーク構築に関連して、「義務教育の段階における普通教育に相当する教育の確保等に関する法律（以下、教育機会確保法と呼ぶ）」の第十六～二十条（調査研究等、国民の理解の増進、人材の確保等、教材の提供その他の学習の支援、相談体制の整備）では、第五章として教育機会の確保等に関するその他の施策に関する内容（努力目標）が記述されています。

これらの中でも、特に、第十六条の調査研究等に関連して、すでに、設立大会のリレートークの際に言及した全国レベルのリテラシー（読み書き）調査の在り方に関して追究することはもちろん、その調査協力を要請する際の基盤となる教育現場の人材、つまり、夜間中学も含む地域における、基礎教育を保障する社会の構築に向けて、その基盤となる（中核的な）人材確保等が鍵となってきます。その他、ここでは、現在の川口市の動向に関連して、今後の基礎教育を保障する社会の体制作りや、教育機会確保法の十五条で提唱した（地域で多様な学びの場を確保するための基盤、体制づくりに向けて連絡調整等を行う）協議会の実質的運営や施策・事業展開の充実に向けて必要な人材（地域システム・コーディネーター等）のことや、そうした人材の役割等に関して展望することとします。

## 関連施策を総合的に推進するために――人材の確保、育成の重要性

日本の各地域には、すでに述べたように、多様な背景を持った外国籍住民が、長期間に渡って居

住している場合が多くなってきています。例えば、ある地域（集住地域）には、特定の言語背景（ポルトガル語、スペイン語、中国語など）の人々が集中して住んでいます。また、ある地域（分散地域）には、ある共通した背景（中国帰国者、インドシナ難民、日本人の配偶者など）の人が分散して住んでおり、全国的にみるとその状況は実に多様です。そうした中で、教育機会確保法の第十六条では、（調査研究等）として以下の記述があります。

**国は、義務教育の段階における普通教育に相当する教育を十分に受けていない者の実態の把握に努めるとともに、その者の学習活動に対する支援の方法に関する調査研究並びにこれに関する情報の収集、整理、分析及び提供を行うものとする。**

そのためには、リテラシーに関する基本調査を全国レベルで行う必要があるわけですが、現状は、夜間中学が全国の八都府県に三十一校しか存在しておらず、全国的な調査を行う際の協力体制が十分とはとてもいえない状況です。こうした状況を打開するためには、「不登校児童生徒の状況や夜間中学等の現状等について、その実態を踏まえた施策の推進が可能となるよう、教育委員会や学校現場の負担にも配慮し、調査の内容や方法の改善を図りつつ、継続的に調査研究や結果の分析を行うとともに、全国の好事例を収集し情報提供を行う。」（文部科学省２０１７年、P8の（一）から）ことが重要となってきます。

今後、各都道府県の協力体制の基盤を強化、拡充するためにも、現在新たな夜間中学の設立に向けて最終段階にある埼玉県（川口市）、千葉県（松戸市）、北海道（札幌市）をはじめ、これまで夜間中学がなかった地域に、夜間中学新設に向けての動きがある際には、基礎教育保障学会は、つなぎ役＝コーディネーター役としての役割を、状況に応じて適切に果たしていくことが期待されます。

この状況に関連して、教育機会確保法の第十七条では、（国民理解の増進）として以下のように記述されています。

**国及び地方公共団体は、広報活動等を通じて、教育機会の確保等に関する国民の理解を深めるよう必要な措置を講ずるよう努めるものとする。**

こうした地域住民の理解の増進を図っていくためには、「法の趣旨や本基本方針の内容、不登校児童生徒に対する支援や夜間中学等の活動等について、政府の広報誌、文部科学省ホームページ、手引きの作成・配布、説明会の実施等を通じた広報活動を推進する。」（文部科学省2017年、P8の（二）から）ことが不可欠です。

その他には、例えば、日本語の学習需要に対する支援の充実という観点からみた場合の、共通課題を探ることや、顕在化することも重要となってきます。この共通課題については、文化庁が一九九四年度から二〇〇〇年度まで、全国八地域で展開してきた地域日本語教育（推進）事業の報告によれば、以下の四つが共通の課題として指摘されています（野山２００２）。

㈠ 日本語学習支援の場（教室や言語生活環境等）の充実
㈡ 教室を支える人々（中核的人材やコーディネーター）の研修・育成の充実
㈢ 支援に関係する機関・人々・地域などとのつながり（ネットワーク）の充実
㈣ さまざまな活動を支える人材・情報等の資源（リソース）を一定の所に集めて、分類・流通させるためのセンターの設置、充実を図ること。

上記の㈠や㈣に関連しては学習支援の現場やリソースセンター等での、情報資源や教材・副教材などのリソースの提供が重要となってきますが、教育機会確保法の中では、第十九条において、（教材の提供その他の学習の支援）として、以下の記述があります。

**国及び地方公共団体は、義務教育の段階における普通教育に相当する教育を十分に受けていない者のうち中学校を卒業した者と同等以上の学力を修得することを希望する者に対して、教材の提供**

（通信の方法によるものを含む。）その他の学習の支援のために必要な措置を講ずるよう努めるものとする。

本稿では、四つの共通課題の中で特に(二)の地域の日本語教室や（夜間中学等の現場での）日本語教育を支える不可欠な人材である日本語教育専門家やコーディネーターに必要な資質・能力という観点から焦点を当てたいと思っています。教育機会確保法の中では、第十八条で、（人材の確保等）として、以下の記述があります。

**国及び地方公共団体は、教育機会の確保等が専門的知識に基づき適切に行われるよう、学校の教職員その他の教育機会の確保等に備わる者の養成及び研修の充実を通じたこれらの者の資質の向上、教育機会の確保等に係る体制等の充実のための学校の教職員配置、心理、福祉等に関する専門知識を有する者であって教育相談に応じるものの確保その他の必要な措置を講ずるよう努めるものとする。**

## おわりに――今後の課題と展望

こうした状況に適切に対応して新たな夜間中学を設立、展開していくためには「不登校児童生徒に対する支援や夜間中学等に携わる教職員に対し、教育機会の確保等に関する理解等を深めるための研修の充実を図るほか、教員の養成においても、これらの知識や理解を深める取組を推進すること。また、児童生徒一人一人に対するきめ細かな指導が可能となるよう、教職員の体制充実に加え、スクールカウンセラー及びスクールソーシャルワーカーなど専門スタッフの配置を充実する」（文部科学省2017年、P8の㈢から）ことが肝要となってきます。

これらの研修の充実を図るためには、今後、本学会が主催、共催、連携するワークショップや研修の企画、実施・展開の充実を図ることはもちろん、教員の養成においては、次のような知識や能力（野山2003・11）が重要であることの理解を深める取組みを推進することが期待されます。これら㈠から㈦の知識や能力はもともと、地域日本語支援活動に関わるコーディネーター＝人材の育成の場において、OJT（On the Job Training）や継続的な研修や講座の中に繰り込まれて実施されることが期待されていました（野山2003・11）。これらの知識や能力の獲得は、おそらく、夜間中学で行われる日本語の教育に携わる人材、関係者にも必要で課題になってくるものと思われます。

㈠　平明で適切な日本語による説明や対話や編集ができる言語運用能力
㈡　日本語教育だけでなく、関連領域に関する幅広い知識
㈢　日本語の習得支援に繋がる環境を設計し維持する能力
㈣　周囲の人々を巻き込みながら、状況に応じて専門家の手を借りられる関係構築能力
㈤　異文化接触場面を学びの機会（エンジン）と捉えられる寛容性や柔軟性
㈥　冷静に自分の役割をわきまえながら、孤独に耐えられる能力
㈦　目的に応じて（たくましく）自分自身の位置取りを自在に変えられる対人調整能力

以上のように、教育機会確保法で既述された目標を、今後少しずつ実現し、基礎教育を保障できるような共生社会を川口市でも構築していくには、基礎教育保障学会設立の目的である「基礎教育の実践と研究を軸として、教育・福祉・労働など様々な分野が交流し、互いの知見に学び合う場をつくり、会員相互の親睦、交流を図ること」（基礎教育保障学会会則二条より引用）を決して忘れることなく、上記の十六条から二十条に書かれた「調査研究等」「国民の理解の増進」「人材の確保等」「教材の提供その他の学習の支援」「相談体制の整備」等の施策の展開、充実に向けて基礎資料となるような、さまざまな実践や研究、ネットワークの蓄積を、関連機関や団体と連携しながら、学際的な観点から進めていくことが期待されます。

【引用・参考文献】

・野山広（２００２）「地域社会におけるさまざまな日本語支援活動の展開－日本語習得支援だけでなく共に育む場の創造を目指して」『日本語学』５月号、pp・6-22、明治書院
・野山広（２００３）「地域ネットワーキングと異文化間教育」『異文化間教育』18号、pp・4-13、アカデミア出版会
・野山広（２０１６）「基礎教育保障学会の設立と識字・日本語学習をめぐる新たなうねり―多様な教育機会確保法案の成立を視野に入れつつ―」『部落解放研究（特集：識字・基礎教育保障の動向と課題）』２０５号、pp・１５９-１８１、部落解放・人権研究所、解放出版社
・野山広（２０１７）「基礎教育保障の基盤となる人材確保等の課題と展望―夜間中学における日本語の教育を支える人材に必要な資質・能力という観点から―」『基礎教育保障学研究』創刊号、pp・24-34
・文部科学省（２０１７年）「義務教育の段階における普通教育に相当する教育の機会の確保等に関する基本指針」（http://www.mext.go.jp/a_menu/shotou/seitoshidou/1380952.htm）

# 付　録
## 夜間中学をめぐる動向

### 人権救済申立

二〇〇三（平成十五）年

二月二十日　全国への公立夜間中学校開設を目指した、日本弁護士連合会（以下日弁連という）への「人権救済申立」。

二〇〇六（平成十八）年

八月十日　日弁連が「学齢期に修学することのできなかった人々の教育を受ける権利の保障に関する意見書」を国に提出。

二〇〇八（平成二十）年

十二月　全国夜間中学校研究会（以下全夜中研という）は第五十四回大会（東京八王子）で、「すべての人に義務教育を！専門委員会」の設置を決定し、「すべての人に義務教育を！二十一世紀プラン」を採択。

## 夜間中学に関する国会院内集会

二〇一二（平成二十四）年

八月　超党派議員参加・国会院内集会。

二〇一三（平成二十五）年

八月　超党派議員参加・国会院内シンポジウム。

二〇一四（平成二十六）年

八月　夜間中学等の全国拡充に向けたシンポジウム。

二〇一五（平成二十七）年

六月　―「六・四今国会での義務教育未修了者のための法律成立を期す」国会院内集会。

## 教育機会確保法可決成立に至るまで

二〇一五（平成二十七）年

六月九日　夜間中学等義務教育拡充議員連盟（以下議員連盟という）による川口自主夜間中学視察と「意見交換会」。

九月十五日　第一八九回通常国会への「教育機会確保法」法案提出を断念。

十月十七日　埼玉に夜間中学を作る会・川口自主夜間中学「三十周年集会」。

馳浩文部科学大臣が「立法化の現状と展望」と題して講演。

十一月　夜間中学議員連盟に対して、議員立法成立に関する要望書を採択。

安倍首相の外遊を理由に、国会運営上異例の臨時国会を開催せず。教育機会確保法案は第一九〇回通常国会への持ち越しとなる。

二〇一六（平成二十八）年

二月二日　第二次立法チームによる法案検討の作業再開。

五月十七日　衆議院文部科学委員会で、「継続審議」とする方針を決定。

五月二十四日　新藤義孝衆議院議員他三名の超党派国会議員による自主夜間中学視察と意見交換。

八月二十日　『月明かりの学舎から』―川口自主夜間中学と設立運動三十年の歩み―出版。

八月二十一日　「基礎教育保障学会」設立大会。

十月二十九日　埼玉に夜間中学を作る会・川口自主夜間中学「三十一周年集会」。前川喜平文部科学事務次官が「夜間中学と日本の教育の未来」と題して講演。

十一月十四日　立法チームの丹羽秀樹座長と夜間中学議員連盟の馳浩会長に、臨時国会における教育機会確保法成立の要望書を採択。関東圏の自主夜間中学有志による、立法チームの丹羽秀樹座長と夜間中学議員連盟の馳浩会長への法案成立の要請行動。

十一月十四日　文部科学省の前川事務次官に講演のお礼の挨拶に行く。

十一月十八日　衆議院文部科学委員会において、教育機会確保法案に九項目の「附帯決議」付きで採択。夜間中学関係者十二人が傍聴。

十一月二十二日　衆議院本会議で、教育機会確保法が可決成立。

十二月六日　参議院文部科学委員会において、教育機会確保法案に九項目の「附帯決議」付きで採択。

十二月七日　参議院本会議で、教育機会確保法が可決成立。

十二月十四日　官報（号外第二七六号）、法律第百五号「義務教育の段階における普通教育に相当する教育の機会の確保等に関する法律をここに公布する」

二〇一七（平成二十九）年

二月十四日　「義務教育の段階における普通教育に相当する教育の機会の確保等に関する法律」に関する施行令が出される。

## 夜間中学開校に関する市長などの発言

二〇一七（平成二十九）年

三月四日　松戸自主夜間中学校校歌完成発表会・開講二九〇〇回記念公開授業。
文部科学省教育制度改革室長の常盤木祐一室長が、「教育機会確保法の施行と夜間中学のこれから」と題して講演。
三月七日　松戸市の本郷谷市長が、挨拶の中で再来年四月に千葉県二校目の夜間中学を松戸市内に開校すると発言。
三月八日　川口市議会で奥ノ木市長が、夜間中学開設を検討していくと答弁。
奥ノ木市長が二〇一八年か二〇一九年、旧芝園小学校跡地に県内初の夜間中学を開校すると明言。
三月十五日　川口市教育委員会学務課と話し合い。
三月三十日　超党派フリースクール議員連盟・夜間中学等義務教育拡充議員連盟の合同総会。
教育機会確保法に基づく、基本指針（案）について審議。
「松戸市に夜間中学をつくる市民の会」の榎本代表と「埼玉に夜間中学を作る会」の野川代表が、馳浩会長に松戸市と川口市の夜間中学開校について報告。
四月十九日　「埼玉に夜間中学を作る会」と「川口自主夜間中学」が新藤義孝衆議院議員と面談。
五月十日　川口市の奥ノ木市長を表敬訪問。
五月十五日　埼玉県教育局小中学校人事課との話し合い。

七月五日

埼玉県教育長に「埼玉に夜間中学を作る会」と「川口自主夜間中学」が、教育機会確保法第十五条の『協議会』設置に関する要望書を提出。

# 夜間中学と日本の教育の未来


埼玉に夜間中学を作る会
川口自主夜間中学　　編



連　絡　先　埼玉に夜間中学を作る会
川口自主夜間中学　事務局
〒 332-0001
埼玉県川口市朝日 2-1-18-419 小松 司 方
TEL ／ FAX　048-225-0515

発　行　日　2018 年 3 月 30 日 初版発行
発　行　人　小野 利和
発　行　所　東京シューレ出版
〒 136-0072
東京都江東区大島 7 - 12 - 22 - 713
TEL ／ FAX　03-5875-4465
ホームページ　http//mediashure.com
E - m a i l　info@mediashure.com

D　T　P　髙橋 貞恩（イヌヲ企画）
装　　画　小池 拓
印刷／製本　モリモト印刷

定価はカバーに印刷してあります。
ISBN　978-4-903192-34-5 C0036